video

Lateinische Kurzgrammatik
mit Tests und Lösungen

Herausgegeben
von Manfred Blank und Werner Fortmann

unter Mitwirkung
von Ulrike Althoff, Sylvia Fein, Armin Höfer,
Gisa Lamke, Judith Möller

Beratende Mitarbeit
Alfred Bertram, Susanne Borowski, Peter Broghammer,
Johannes Droste, Thomas Feißt, Camilla Flöther,
Roland Frölich, Wolfgang Gaeng, Nina Hundertmark,
Angelika Ilg, Thomas Kaiser, Annemarie Lexa, Ulrich Loer,
Hartmut Loos, Ute Meyer, Jürgen Neutzling,
Beate Promberger, Edith Schirok, Brigitte Wilke, Theo Wirth

Redaktion: Werner Schmidt
Illustration: Constanze Schargan, Berlin
Umschlaggestaltung: Bonnie Siebke
Gestaltung und technische Umsetzung: V+I+S+K Büro für Visuelle Kommunikation, Berlin

www.cornelsen.de

Alle Drucke dieser Auflage sind inhaltlich unverändert
und können im Unterricht nebeneinander verwendet werden.

Druck: Athesiadruck GmbH, Bozen

2. Auflage, 5. Druck 2025   2. Auflage, 3. Druck 2021
ISBN 978-3-06-120153-1   ISBN 978-3-06-120187-6 (Buch + CD-EXTRA)

INHALT

6 Leitfaden zur Kurzgrammatik VIDEO

7 **SATZLEHRE**

7 **Der einfache Satz**

7 **Subjekt und Prädikat**

8 **Objekt**

8 **Mögliche weitere Bestandteile des einfachen Satzes**
8 Attribut und Apposition
9 Prädikativum
10 Adverbiale

10 **Modi und Tempora**
11 Imperativ
11 Indikativ
11 *Präsens*
12 *Futur*
12 *Imperfekt*
13 *Perfekt*
14 *Plusquamperfekt*
14 Konjunktiv
15 *Präsens*
16 *Imperfekt*
17 *Perfekt*
17 *Plusquamperfekt*

18 **Genera verbi**

19 **Kasus und ihre Funktionen**
19 Nominativ
20 Vokativ
21 Genitiv
21 *des Besitzers (possessivus) – Wessen?*
21 *der Beschaffenheit (qualitatis) – Was für ein?*
21 *zur Bezeichnung des Ausgangspunkts und Ziels einer Tätigkeit oder Empfindung (subiectivus bzw. obiectivus) – Wessen?/Wovor?/Zu wem?*
22 *der Wertschätzung (pretii) – Wie hoch?/ Um wie viel?*
22 *des Teilverhältnisses (partitivus) – Wovon?*
22 *der Erläuterung (explicativus) – Mit welcher näheren Bezeichnung?*

22 *der Strafe/des Verbrechens (criminis) – Zu welcher Strafe?/Wegen welchen Vergehens?*
22 *als Ergänzung bei bestimmten Adjektiven und Verben (Objekt bzw. obiectivus)*
23 *bei causā und grātiā »wegen«, »um ...willen«*
23 **Dativ**
23 *als Objekt – Wem?*
24 *des Vorteils/Nachteils, des Interesses (commodi/ incommodi) – Für/Gegen wen?/Wofür?*
24 *des Besitzers (possessivus) – Wem gehört?*
24 *der handelnden Person (auctoris) – Für wen besteht die Pflicht, etwas zu tun?*
24 *des Zwecks (finalis; doppelter Dativ) – Wozu ist/dient?*
24 **Akkusativ**
25 *als Objekt – Wen?/Was?*
25 *der Richtung – Wohin?*
25 *der Ausdehnung in Raum und Zeit – Wie weit?/Wie lange?*
25 *doppelter Akkusativ – Wen als/zu was?*
25 *des Ausrufs*
26 **Ablativ**
26 *als Objekt (bei Verben, die „von etwas Gebrauch machen" bedeuten)*
27 *des Ortes (loci) – Wo?/An welcher Stelle?*
27 *der Zeit (temporis) – Wann?*
27 *der Herkunft (originis) – Von welcher Abstammung?*
27 *der Trennung (separativus) – Woher?/Wovon?*
27 *des Vergleichs (comparationis) – Von wo aus gesehen?*
27 *des Mittels (instrumenti; auch instrumentalis) – Womit?/Wodurch?*
28 *der Preisangabe (pretii) – Zu welchem Preis?*
28 *des Grundes (causae) – Warum?*
28 *der Beziehung (limitationis) – In welcher Beziehung?*
28 *des Unterschieds bei Maßangaben (mensurae) – Um wie viel?*
28 *der Gemeinschaft (sociativus) – Mit wem?*
28 *der Art und Weise (modi) – Wie?*
28 *der Eigenschaft (qualitatis) – Wie beschaffen?*

29	**Infinitiv und Infinitivkonstruktionen**
29	**Infinitiv**
29	**Akkusativ mit Infinitiv – AcI**
32	**Nominativ mit Infinitiv – NcI**
33	**Test: Ablativ**
34	**Test: AcI/NcI**
35	**Partizipialkonstruktionen**
35	**Participium Coniunctum (PC)**
38	**Ablativus absolutus (Abl. abs.)**
41	**Test: Participium Coniunctum**
42	**Test: Ablativus absolutus**
43	**-nd-Konstruktionen**
43	**Gerundium (substantivische -nd-Form)**
44	**Gerundivum (adjektivische -nd-Form)**
44	*attributiv*
45	*prädikativ*
45	*als Prädikatsnomen*
46	**Supinum**
47	**Test: Gerundium**
48	**Test: Gerundivum**
49	**Der zusammengesetzte Satz**
49	**Mitteilungsfunktion von Haupt- und Nebensätzen**
49	**Hauptsätze**
49	*Behauptungssätze*
49	*Wunsch- und Aufforderungssätze*
49	*Fragesätze*
50	**Nebensätze**
51	*Unterscheidung von Haupt- und Nebensätzen*
51	**Zeiten und Zeitverhältnisse**
51	*in indikativischen Nebensätzen*
52	*in konjunktivischen Nebensätzen (consecutio temporum)*

53	**Subjunktionale Nebensätze und die sie einleitenden Subjunktionen**
53	**cum**
53	*mit Indikativ*
54	*mit Konjunktiv*
55	**dum**
55	*mit Indikativ*
56	*mit Konjunktiv*
56	**etsī/etiamsī**
57	**nē**
57	*mit Konjunktiv »damit nicht«*
57	*mit Konjunktiv »dass nicht«*
57	*mit Konjunktiv »dass«*
57	**postquam**
58	**priusquam**
58	**quamquam**
59	**quamvīs**
59	**quasi**
59	**quia/quoniam**
59	**quīn**
59	*mit Konjunktiv »dass« oder »Infinitiv mit ›zu‹«*
60	*mit Konjunktiv »dass nicht«*
60	**quod**
60	*mit Indikativ*
61	*mit Indikativ oder Konjunktiv*
61	**sī**
61	*wirklicher Fall/Realis*
62	*möglicher Fall/Potentialis*
62	*nicht wirklicher Fall/Irrealis der Gegenwart*
62	*nicht wirklicher Fall/Irrealis der Vergangenheit*
62	**ut**
62	*mit Indikativ*
63	*mit Konjunktiv*
64	**Komparativ-/Vergleichssätze**
64	*Einleitung: einander entsprechende Adjektive, Pronomina oder Adverbien*
65	*atque/ac*
65	*quam*
65	*quasi – tamquam (sī) – velut sī*
65	**Indirekte Fragesätze**
66	**Wortfragen**
66	**Satzfragen**
66	**Doppelfrage**

67 **Relativsätze**
67 **im Indikativ**
67 **im Konjunktiv**
68 **Besonderheiten des Relativsatzes**
68 *Wiederholung des Bezugswortes im Relativsatz*
68 *Übernahme des Bezugswortes in den Relativsatz*
68 *Wegfall des Bezugswortes*
69 *relativische Satzverschränkung*
69 *relativischer Satzanschluss*

70 **Die wichtigsten Sinnrichtungen adverbialer Nebensätze**
70 **Adversativsätze**
70 **Finalsätze**
70 **Kausalsätze**
70 **Komparativsätze**
70 **Konditionalsätze**
70 **Konsekutivsätze**
71 **Konzessivsätze**
71 **Modalsätze**
71 **Relativsätze im Konjunktiv**
71 **Temporalsätze**

72 **Sinnrichtungen von Subjekt- und Objektsätzen**
72 **Abhängige Aussagesätze**
72 **Abhängige Wunsch- und Aufforderungssätze**
72 **Abhängige Fragesätze**
72 **Relativsätze im Indikativ**

73 **Oratio obliqua – indirekte/abhängige Rede**

75 **BESONDERHEITEN DER FORMENLEHRE**

75 **Deklinationen**

75 **Substantive**
75 **a- und o-Deklination**
76 **i-Stämme der 3. Deklination**
76 **e- und u-Deklination**

76 **Adjektive der 3. oder Misch-Deklination**

77 **Unregelmäßige Steigerung von Adjektiven**

77 **Pronominaladjektive**

78 **Numeralia/Zahlwörter**

79 **Konjugationen**

79 **Perfektstämme wichtiger Verben**

84 **esse; posse; fierī; velle; nōlle; mālle; īre**

85 **Besondere Formen**

86 **ÜBERSETZUNGSTECHNIK**

89 **LAUTLEHRE, RHETORIK, METRIK**

89 **Lateinische Sprache und Schrift**

90 **Aussprache**

90 **Betonung**

91 **Rhetorik – Stil**

92 **Metrik**

92 **Hexameter**

92 **Pentameter**

93 **ANHANG**

93 **Der römische Kalender**
94 **Wortformen/Wortfolgen und ihre Verwendung im Satz**
95 **Lösungen: Ablativ**
95 **Lösungen: AcI/NcI**
96 **Lösungen: Participium Coniunctum**
98 **Lösungen: Ablativus absolutus**
99 **Lösungen: Gerundium**
100 **Lösungen: Gerundivum**
101 **Zu den Fotos**
103 **Erklärung übergeordneter Fachbegriffe**
106 **Register**
112 **Bildnachweis und Textquellen**

Leitfaden zur Kurzgrammatik VIDEO

VIDEO stellt die wichtigsten Grundzüge der lateinischen Grammatik in anschaulicher Form dar. Tabellen, farbige Hervorhebungen und Bilder spielen dabei eine wichtige Rolle: Besonders wichtige Bezeichnungen sind in den erklärenden Texten jeweils blau hervorgehoben. Die lateinischen Beispielsätze und die Übersetzungen stehen auf der gelben Farbfläche. Hier haben wir die neuen grammatikalischen Erscheinungen jeweils in roter Farbe wiedergegeben. In der Randspalte sind die Möglichkeiten der deutschen Wiedergabe meist noch einmal knapp zusammengefasst.

Zu erkennen, was im lateinischen Satz zusammengehört oder voneinander abhängt, ist für das Verständnis sehr wichtig. Wer den Inhalt lateinischer Sätze und Texte wirklich verstehen will, muss aber auch eine gute Vorstellung von der Welt der Römer haben. Um diese Welt lebendig werden zu lassen, haben wir die einzelnen Beispielsätze fast immer zu kleinen Erzählungen, Beschreibungen oder Gesprächen zusammengefasst. Eine kurze deutsche Einleitung zeigt, worum es in der folgenden Handlung geht. Und fast immer stellt ein Foto oder eine Zeichnung Personen und Schauplätze der Handlung vor.

Die regelmäßigen Formen der deklinierbaren Wortarten sind auf den Seiten 1–3 der vorderen Umschlagklappen zu finden; die regelmäßigen Formen der Verben wurden auf den drei Seiten der hinteren Umschlagklappen zusammengefasst.

Alle Latein-Lerner können Englisch – zumindest ein bisschen, oft aber wesentlich mehr. Deshalb sind in VIDEO gelegentlich englische Beispielsätze angegeben, die helfen, neue lateinische Grammatik besser zu verstehen. Es gibt nämlich einige erstaunliche Übereinstimmungen zwischen der englischen und der lateinischen Grammatik. Darauf weist jeweils die englische Flagge in der Randspalte hin.

Eine sinnvolle Erweiterung gegenüber der 1. Auflage sind die Testaufgaben zu wichtigen Phänomenen der lateinischen Sprache: Ablativ; AcI/NcI; Participium Coniunctum; Ablativus absolutus; Gerundium; Gerundivum. Sie stehen jeweils nach den genannten Grammatikkapiteln und bieten den Lernenden die Möglichkeit, ihren Kenntnisstand zu überprüfen. Eine Kontrolle darüber bieten die Lösungen im Anhang. Wer grundlegende Grammatikkenntnisse vertiefen will, findet reichhaltiges Übungsmaterial und Lösungen dazu auf der CD-EXTRA.

VIDEO kann – unabhängig von dem im Lateinunterricht verwendeten Lehrwerk – in den ersten »Latein-Jahren« zum besseren Verständnis der lateinischen Grammatik benutzt werden.

Mit Hilfe von Register und Inhaltsverzeichnis lässt sich schnell die entsprechende Seite über Aktiv und Passiv, Subjekt und Prädikat usw. finden.

Aber auch später, bei der Lektüre lateinischer Originaltexte, erleichtert VIDEO das Verständnis seltenerer Formen und Konstruktionen wie Supinum, oratio obliqua oder verschränkter Relativsatz. Die Erläuterungen zur Grammatik der Lektürephase sind in der Randspalte durch das Buch-Symbol gekennzeichnet.

SATZLEHRE

Der einfache Satz

Subjekt und Prädikat

Jeder Satz besteht aus Subjekt[1] (Satzgegenstand) und Prädikat[2] (Satzaussage):

[1] *subiectum »das der Aussage zugrunde Gelegte«*
[2] *praedicatum »das Ausgesagte«*

Subjekt und Prädikat

– Wer/Was   tut etwas?
– Wer/Was   ist jemand/etwas?

Asterix und Obelix genießen das geordnete und heitere Leben in ihrem kleinen Dorf in Gallien.

1. Māiestīx	imperat.	einfaches Prädikat
Majestix	befiehlt.	
Gallī	pārent.	
Die Gallier	gehorchen.	
2. Asterīx et Obelīx	amīcī sunt.	zusammengesetztes Prädikat: Substantiv als Prädikatsnomen + Hilfsverb
Asterix und Obelix	sind Freunde.	
3. Amīcī	fīdī sunt.	zusammengesetztes Prädikat: Adjektiv als Prädikatsnomen + Hilfsverb
Die Freunde	sind zuverlässig.	
4. Nōnnumquam	certant.	Subjekt im Prädikat enthalten
Manchmal	streiten sie.	

Besteht das Prädikat aus einem Prädikatsnomen (Prädikatswort, durch das das Subjekt gekennzeichnet wird) + Kopula (Hilfsverb), so stimmt das Prädikatsnomen in der Regel im Kasus (Fall), Numerus (Zahl: Singular/Einzahl oder Plural/Mehrzahl) und Genus (Geschlecht: masculinum/männlich, femininum/weiblich, neutrum/sächlich) mit dem Subjekt des Satzes überein (KNG-Kongruenz).

Im Lateinischen muss das Subjekt nicht immer durch ein Subjektswort ausgedrückt sein. Wer oder was bei der Wiedergabe im Deutschen als Subjekt einzusetzen ist, ergibt sich in solchen Fällen aus der Personalendung des Verbs und aus dem Zusammenhang. Außer durch den Nominativ (Wer-Fall) von Nomina (dies sind Substantive, Adjektive, Pronomina, Numeralia, Partizipien) kann das Subjekt eines Satzes auch durch andere Wortformen (z. B. Infinitiv, s. S. 29) und Wortfolgen (z. B. AcI, s. S. 29–32) sowie durch Nebensätze (z. B. Wunschsätze, s. S. 72) gebildet sein (vgl. die Übersicht S. 94).

Objekt

1. Asterīx et Obelīx Rōmānōs saepe dērīdent.	1. Asterix und Obelix verspotten häufig die Römer.
2. Asterīx amīcō semper adest.	2. Asterix hilft seinem Freund immer.
3. Obelīx amīcō semper fidem tribuit.	3. Obelix schenkt(e) seinem Freund immer Vertrauen.
4. Rōmānī hōrum duōrum Gallōrum nōn libenter memorēs sunt.	4. Die Römer erinnern sich nicht gern an diese beiden Gallier.
5. Asterīx et Obelīx vītā laetā fruuntur.	5. Asterix und Obelix genießen ein unbeschwertes Leben.

[1] obiectum »das (der Verbalhandlung) Gegenübergestellte«

Im Deutschen steht manchmal ein anderer Kasus.

[2] Als oblique, d. h. »abhängige« Kasus bezeichnet man alle Kasus außer dem Nominativ.

Viele Verben haben als Ergänzung ein Objekt[1] bei sich. Dieses kann (außer im Nominativ und Vokativ) in allen Kasus vorkommen. Am häufigsten finden sich das Akkusativ- und das Dativobjekt, bei manchen Verben (z. B. dare »geben«, tribuere »zuteilen«) auch beide gleichzeitig (z. B. Satz 3).
Nicht immer fordert das Verbum in der deutschen Wiedergabe den gleichen Kasus des Objektes wie im Lateinischen.
Nicht nur Nomina und Eigennamen im Genitiv, Dativ, Akkusativ und Ablativ (oblique[2] Kasus), sondern auch andere Wortformen (z. B. der Infinitiv, s. S. 29) und Wortfolgen (z. B. der AcI, s. S. 29–32) sowie Nebensätze (z. B. Wunschsätze, s. S. 72) können im Satz ein Objekt darstellen (vgl. die Übersicht S. 94).

Mögliche weitere Bestandteile des einfachen Satzes

Alle Bestandteile des einfachen Satzes können durch zusätzliche Angaben erweitert sein.

Attribut und Apposition

Mīrāculīx, druida vīcānōrum, pōtiōnem magicam parābat.	Miraculix, der Druide der Dorfbewohner, bereitete den magischen Trank zu.

Ein Attribut[1] kann durch ein Adjektiv bzw. ein anderes adjektivisch gebrauchtes Wort (z. B. Pronomen) oder durch ein Substantiv gebildet sein[2].

Das adjektivische Attribut steht in KNG-Kongruenz mit seinem Bezugswort. Es enthält eine Antwort auf die Frage »Was für ein(en)/Welcher (Welchen)?« (»Was für einen Trank?« – »den magischen Trank«).

Das als Attribut verwendete Substantiv steht entweder im Genitiv (substantivisches Genitivattribut) und enthält eine Antwort auf die Frage »Wessen?« (»Wessen Druide?« – »der Druide der Dorfbewohner«), oder es steht im gleichen Kasus wie das Bezugswort, trägt dann die Bezeichnung Apposition[3] und enthält eine Antwort auf die Frage »Wer oder was ist jemand/etwas?« (»Wer oder was ist Miraculix?« – »ein Druide«; druida ist in dem Beispielsatz als Apposition zu Miraculix verwendet).

Alle drei Arten von Attributen können an jedes Substantiv im Satz angeschlossen sein.

[1] *attributum »das (dem Nomen) Zugeteilte/ Beigefügte«*

[2] *Auch Wortverbindungen wie ūnus ex amīcīs und Relativsätze können im Satz als Attribute auftreten.*

[3] *appositio »die Hinzusetzung/Beifügung«*

Prädikativum

CINCINNATVS AGRICOLA URBEM INTRĀVIT   DICTATOR EX VRBE EXIIT

1. Obelīx laetus aprum dēvorat.	1. Fröhlich/In fröhlicher Stimmung verschlingt Obelix ein Wildschwein.
2. Obelīx puer in crātēram magicam incidit.	2. Obelix fiel als Kind in den Zauberkessel.
3. Māiestīx rēx ā Gallīs māgnī aestimābātur.	3. Majestix wurde als König von den Galliern sehr geschätzt.
4. Asterīx prīmum Māiestīgem, rēgem gentis Gallicae, salūtāvit.	4. Asterix begrüßte als ersten Majestix, den König des gallischen Volksstammes.

[1] *praedicativum »das nachdrücklich Hervorgehobene«*

Das Prädikativum[1] stimmt in der Regel mit seinem Bezugswort in <u>Kasus</u>, <u>Numerus</u> und <u>Genus</u> überein (KNG-Kongruenz).
Inhaltlich erläutert es aber nicht nur das Bezugswort, sondern bestimmt auch das Prädikat näher. In der Regel hebt es einen <u>Zustand</u> hervor, in dem sich die bezeichnete Person oder Sache befindet.

Als Prädikativa kommen vor
– <u>Adjektive</u>, die eine <u>Reihenfolge</u> oder einen <u>körperlichen</u> bzw. <u>geistigen</u> Zustand bezeichnen;
– <u>Substantive</u>, die über das <u>Amt</u> oder das <u>Lebensalter</u> einer Person Auskunft geben.

Wiedergabe durch
– präpositionale Wendung
– Grundform des Adjektivs
– »als«

Prädikativ verwendete Adjektive, die einen körperlichen bzw. seelischen Zustand bezeichnen, können im Deutschen mit einer präpositionalen Wendung oder der endungslosen Grundform des Adjektivs wiedergegeben werden (Beispiel 1); viele andere Prädikativa werden im Deutschen durch »als« an das Bezugswort angeschlossen (Beispiele 2–4).
Zum Partizip in prädikativer Verwendung s. S. 37.

Adverbiale

Asterïx et Obelïx iterum atque iterum cum pīrātīs pūgnābant.	Asterix und Obelix kämpften immer wieder mit den Piraten.

[2] *adverbiale »das zum Verb Gehörige«*

Das <u>Adverbiale</u>[2] ist eine nähere Bestimmung des Prädikats, manchmal bezieht es sich auch auf Adjektive oder auf den Gesamtinhalt der Aussage.
Am häufigsten kommt das Adverbiale als <u>Adverb</u>, <u>präpositionale Wendung</u> oder bestimmte <u>Kasusform</u> vor. Im Einzelnen siehe die Übersicht S. 94.

Modi und Tempora

Im Lateinischen gibt es drei Modi (Aussageweisen): den <u>Indikativ</u>, <u>Imperativ</u> und <u>Konjunktiv</u>.
Der <u>Modus</u> bestimmt (häufig in enger Verbindung mit dem jeweiligen <u>Tempus</u>, d. h. der Zeit) die <u>Art und Weise</u> der Verbaussage.

Imperativ

> Sabinus, ein Kaufmann aus Pompeji, will mit seinen Kindern Marcus und Cornelia nach Rom fahren.
>
> | Sabīnus līberōs convocat: | Sabinus ruft seine Kinder zusammen: |
> |---|---|
> | 1. »Advolāte, līberī! | 1. »Kommt schnell, Kinder! |
> | 2. Et tū, Mārce, properā! | 2. Auch du, Marcus, beeile dich! |
> | 3. Nōlīte tardāre! Nam māgnum gaudium vōbīs nūntiō: Crās Rōmam adībimus!« | 3. Trödelt nicht! Ich habe nämlich eine sehr erfreuliche Nachricht für euch: Morgen werden wir nach Rom fahren/ fahren wir nach Rom!« |

Der Imperativ[1] richtet einen Befehl an die 2. Person Singular und Plural; verneint wird der Imperativ durch nōlī (Singular)/nōlīte (Plural) + Infinitiv oder durch die 2. Pers. Sg./Pl. des Konjunktivs Perfekt (s. S. 17).

Indikativ

Der Indikativ[2] ist der Modus der Wirklichkeit; in der Regel entspricht der lateinische Indikativ dem deutschen Indikativ.

Präsens

> | 1. Hodiē familia Sabīnī per viās urbis Rōmae ambulat. | 1. Heute geht die Familie des Sabinus durch die Straßen der Stadt Rom spazieren. |
> |---|---|
> | 2. Rōma est urbs praeclāra ad Tiberim flūmen sita. | 2. Rom ist eine berühmte Stadt, die am Tiber liegt. |

Der Indikativ Präsens teilt Handlungen mit, die in der Gegenwart des Sprechenden geschehen (Satz 1), oder Sachverhalte, die allgemein gültig sind (Satz 2).

> | 3. Etiam tempōribus antīquīs multī hominēs Rōmam frequentāvērunt et in forum urbis convēnērunt: Disputant, amīcōs salūtant, negōtia agunt, in tabernīs sē reficiunt. | 3. Auch in der Antike besuchten viele Menschen oft Rom und kamen auf dem Forum der Stadt zusammen: Sie diskutieren miteinander, begrüßen Freunde, schließen Geschäfte ab, erholen sich in Gasthäusern. |
> |---|---|

---

[1] von imperāre »befehlen« Die lateinische Sprache kennt neben dem üblichen Imperativ noch weitere Imperativformen, den sog. Imperativ II, der aber nur bei bestimmten Verben (z. B. scītō! »wisse!«/ scītōte! »wisst!«/mementō! »erinnere dich!«/ mementōte! »erinnert euch!«) oder in Gesetzestexten und allgemeingültigen Vorschriften Verwendung findet.
Im Deutschen wird er häufig mit einer Form des Modalverbs »sollen« umschrieben: Pārētō lēgibus! »Du sollst den Gesetzen gehorchen!«/ iūstē iūdicātōte, iūdicēs! »Ihr sollt gerecht urteilen, Richter!«

[2] von indicāre »anzeigen, aussagen«.

Wiedergabe durch Präsens

[1] *Üblicherweise steht in einer historischen Erzählung der Indikativ Perfekt bzw. der Indikativ Imperfekt: s. S. 12–13.*

[2] *Statt des historischen Präsens erscheint gelegentlich der historische Infinitiv. Er wird in der Regel verwendet, wenn der Autor die schnelle Aufeinanderfolge von Ereignissen dramatisch unterstreichen und/oder diese Ereigniskette in den Vordergrund stellen will, indem er jede Bindung an Person, Zeit und Art des Verlaufs vermeidet.*

Wiedergabe durch
– Futur oder
– Präsens

Manchmal wird der Indikativ des Präsens auch in einer historischen Erzählung[1] verwendet, um dem Leser die Ereignisse besonders lebhaft zu vergegenwärtigen (historisches Präsens)[2]. Bei der Übersetzung ins Deutsche kann in solchen Fällen ebenfalls das Präsens gewählt werden.

Futur

4. Mārcus et Cornēlia prīmum Colossēum adībunt.	4. Marcus und Cornelia werden zuerst das Kolosseum besuchen.
5. Crās pater eīs Capitōlium mōnstrābit.	5. Morgen wird/will der Vater ihnen das Kapitol zeigen./Morgen zeigt der Vater ihnen das Kapitol.

Das Futur I[3] bezeichnet das, was in der Zukunft eintreten wird (Satz 4, 5) oder was jemand in der Zukunft tun will (Satz 5).
Bei der Wiedergabe im Deutschen kann statt des Futurs auch das Präsens gewählt werden, wenn der Satz ein Signalwort enthält, das eindeutig auf die Zukunft hinweist (z. B. crās in Satz 5).

Imperfekt

6. Colossēum mediā in urbe situm erat.	6. Das Kolosseum lag mitten in der Stadt.
7. In hōc amphitheātrō Rōmānī multōs lūdōs faciēbant.	7. In diesem Amphitheater veranstalteten die Römer viele Spiele.
8. Etiam hominēs ibī inter sē certābant.	8. Auch Menschen kämpften dort gegeneinander.
9. Spectātōrēs virōs māgnō cum clamōre incitābant.	9. Die Zuschauer feuerten die Männer mit lautem Geschrei an./Die Zuschauer versuchten … anzufeuern.

[3] *Auch im Lateinischen gibt es – wie im Deutschen – neben dem Futur I ein Futur II. Es wird allerdings in der Regel nur in Nebensätzen verwendet (s. S. 52, 53 und 64).*

Das Imperfekt besagt, dass eine Handlung unvollendet ist. Es drückt Dauer bzw. Zustand (Satz 6), Wiederholung (Satz 7, 8 und 9) sowie (wiederholten) Versuch (Satz 9) aus.

Perfekt

10. Tum Sabīnus cum līberīs Rōmam iit.	10. Damals reiste Sabinus mit seinen Kindern nach Rom.
11. Prīmō Colossēum spectāvērunt, deinde ad forum iērunt, tum per viās ambulāvērunt, dēnique in tabernā sē recreāvērunt.	11. Zuerst sahen sie sich das Kolosseum an, dann gingen sie zum Forum, danach gingen sie durch die Straßen spazieren, zuletzt erholten sie sich in einem Gasthaus.

Das Perfekt ist das lateinische Erzähltempus (historisches Perfekt); es wird im Deutschen mit dem Präteritum wiedergegeben. Das lateinische Perfekt bezeichnet Handlungen und Ereignisse, die in der Vergangenheit geschehen und dort vollendet und abgeschlossen worden sind.

Wiedergabe durch Präteritum

12. Rōmae cūnctae viae plēnae hominum erant.	12. In Rom waren alle Straßen voll von Menschen.
13. Hōrā quārtā etiam Sabīnus Rōmae appropinquāvit, pōmērium intrāvit, cum līberīs ad forum iit.	13. In der vierten Stunde näherte sich auch Sabinus Rom, betrat das Stadtgebiet und ging mit den Kindern zum Forum.

Häufig wirken im Lateinischen Imperfekt und Perfekt zusammen: Das Imperfekt schildert den Hintergrund (hier: viae plenae erant), das Perfekt berichtet die vor diesem Hintergrund eintretenden Ereignisse (hier: appropinquāvit, intrāvit, iit).

Marcus schreibt an seinen Freund:	
14. »Rōmae novōs amīcōs nōbīs parāvimus, multa monumenta praeclāra spectāvimus.	14. »In Rom haben wir neue Freunde gewonnen und viele berühmte Bauten angesehen.
15. Hōc annō fēriās vērē iūcundās ēgimus.«	15. In diesem Jahr haben wir wirklich schöne Ferien gehabt.«

Das Perfekt bezeichnet auch Handlungen und Ereignisse, die der Sprecher für wichtig hält und rückblickend noch einmal feststellt (konstatierendes Perfekt). Es wird im Deutschen mit dem Perfekt wiedergegeben (im Passiv mit »worden«: »wir sind geführt worden«) und tritt vor allem in der wörtlichen Rede auf.

Wiedergabe durch Perfekt

16. Nunc epistula scrīpta est.	16. Jetzt ist der Brief geschrieben.
17. Omnia narrāta et explānāta sunt.	17. Alles ist erzählt und erläutert.

Wiedergabe durch Perfekt Passiv

DAS FEST IST ERÖFFNET!

Schließlich bezeichnet das Perfekt auch das Ergebnis einer Handlung, die in der Vergangenheit abgeschlossen worden ist (Zustandsperfekt). Es kommt vor allem im Passiv vor (s. S. 18) und wird im Deutschen durch das Perfekt Passiv wiedergegeben, allerdings meist ohne »worden« (z. B. »es ist geschafft«).

Plusquamperfekt

18. Hāc aestāte Sabīnus cum līberīs urbem Rōmam vīsit.	18. In diesem Sommer besichtigte Sabinus mit seinen Kindern die Stadt Rom.
19. Tribus annīs ante iīs Neāpolim ostenderat.	19. Vor drei Jahren hatte er ihnen Neapel gezeigt.

Wiedergabe durch Plusquamperfekt

Das Plusquamperfekt bezeichnet Handlungen und Vorgänge in der Vergangenheit, die sich vor dem, was eigentlich erzählt wird, ereignet haben und mit diesem in enger Verbindung stehen. Im Deutschen steht ebenfalls das Plusquamperfekt.

Konjunktiv

Der Konjunktiv charakterisiert im Hauptsatz Handlungen und Ereignisse als vorstellbar, gefordert, erwünscht, möglich oder nicht wirklich.

In den folgenden Beispielsätzen (S. 15–17) erleben wir eine Familie aus heutiger Zeit. Diese Familie denkt zusammen mit Freunden darüber nach, wie und wo sie die Ferien verbringen könnte.

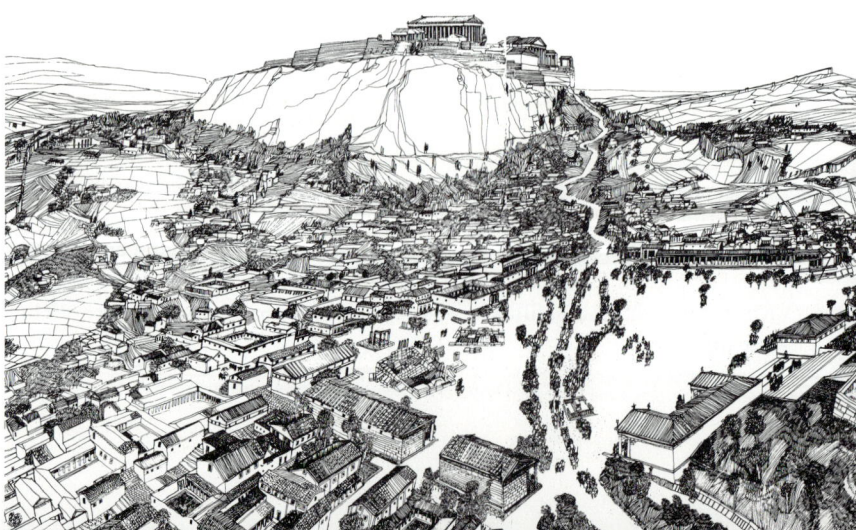

Präsens

Beispiel	deutsche Wiedergabe	Aussagefunktion	grammatische Bezeichnung; Art der Verneinung
1. Quō locō fēriās agāmus?	1. An welchem Ort sollen wir die Ferien verbringen?	überlegende/zweifelnde Frage an sich selbst oder an die eigene Gruppe über einen Sachverhalt in der Gegenwart	Deliberativ/ Dubitativ der Gegenwart
2. Utrum Rōmam adeāmus an Athēnās proficīscāmur an nōn in terram externam iter faciāmus?	2. Sollen wir Rom besuchen, uns auf den Weg nach Athen machen oder nicht ins Ausland reisen?		Verneinung: nōn
3. Hāc aestāte Athēnās proficīscāmur;	3. Lasst uns in diesem Sommer nach Athen fahren;	Aufforderung an die eigene Gruppe	Hortativ/ Adhortativ
4. nē in Italiam iter faciāmus!	4. wir sollten nicht nach Italien reisen!		Verneinung: nē
5. Frāter tuus nōs comitētur;	5. Dein Bruder soll uns begleiten;	Aufforderung an die 3. Person Singular und Plural	Iussiv
6. etiam amīcī eius nē domī maneant!	6. auch seine Freunde sollen nicht zu Hause bleiben!		Verneinung: nē
7. (Utinam) amīcī ūnā nōbīscum fēriās agant;	7. Hoffentlich verbringen unsere Freunde die Ferien zusammen mit uns;	erfüllbarer oder als erfüllbar gedachter Wunsch der Gegenwart	Optativ der Gegenwart
8. nē domī maneant!	8. hoffentlich bleiben sie nicht zu Hause!		Verneinung: nē
9. Etiam vōs fēriīs in terram externam iter faciātis;	9. Auch ihr reist in den Ferien wahrscheinlich ins Ausland;	Bezeichnung eines als Möglichkeit angenommenen Sachverhalts/ Behauptung in abgeschwächter Form über ein Geschehen in der Gegenwart	Potentialis der Gegenwart
10. nōn domī maneātis.	10. ihr bleibt wahrscheinlich nicht zu Hause.		Verneinung: nōn

Imperfekt

Beispiel	deutsche Wiedergabe	Aussagefunktion	grammatische Bezeichnung; Art der Verneinung
11. Quō proximō annō iter facerem? 12. Cūr nōn Athēnās proficīscerēmur?	11. Wohin hätte ich im letzten Jahr reisen sollen? 12. Warum hätten wir uns nicht auf den Weg nach Athen machen sollen?	überlegende/zweifelnde Frage an sich selbst oder an die eigene Gruppe über einen Sachverhalt in der Vergangenheit	Deliberativ/ Dubitativ der Vergangenheit Verneinung: nōn
13. Nunc Athēnīs versārī nōn sōlum iūcundum, sed etiam salūbre esset.	13. Sich jetzt in Athen aufzuhalten wäre nicht nur angenehm, sondern auch der Gesundheit dienlich.	Bezeichnung eines nichtwirklichen Geschehens der Gegenwart	Irrealer Aussagesatz der Gegenwart Verneinung: nōn
14. Utinam nunc fēriās habērēmus! 15. Utinam nē nātiōnēs Graecīs fīnitimae diutius bella gererent!	14. Wenn wir doch jetzt Ferien hätten! 15. Wenn die Nachbarvölker der Griechen doch nicht länger Kriege führten!	unerfüllbarer oder als unerfüllbar gedachter Wunsch der Gegenwart	Irrealer Wunschsatz der Gegenwart Verneinung: nē
16. Crēderēs vōs libenter nōs comitārī. 17. Nōn putārētis vōs ā nōbīs invītārī.	16. Man hätte glauben können, dass ihr uns gern begleitet hättet. 17. Ihr hättet wohl nicht geglaubt, dass ihr von uns eingeladen würdet.	Bezeichnung eines als Möglichkeit angenommenen Sachverhalts in der Vergangenheit; Behauptung in abgeschwächter Form über ein Geschehen in der Vergangenheit	Potentialis der Vergangenheit (kommt nur in bestimmten Wendungen vor) Verneinung: nōn

Perfekt

Beispiel	deutsche Wiedergabe	Aussagefunktion	grammatische Bezeichnung; Art der Verneinung
18. (Utinam) cōnsilia mea probāveritis;	18. Hoffentlich habt ihr meinen Vorschlägen zugestimmt;	erfüllbarer oder als erfüllbar gedachter Wunsch der Vergangenheit	Optativ der Vergangenheit
19. nē in Italiam profectī sītis!	19. hoffentlich habt ihr euch nicht auf den Weg nach Italien gemacht!		Verneinung: nē
20. Etiam vōs fēriīs in terram externam iter fēceritis;	20. Auch ihr reist in den Ferien wahrscheinlich ins Ausland;	Bezeichnung eines als Möglichkeit angenommenen Sachverhalts/ Behauptung in abgeschwächter Form über ein Geschehen in der Gegenwart	Potentialis der Gegenwart (gleichbedeutend mit der Form des Konjunktiv Präsens)
21. nōn domī mānseritis.	21. ihr bleibt wahrscheinlich nicht zu Hause.		Verneinung: nōn
22. Nē mea cōnsilia repudiāveritis!	22. Weist meine Vorschläge nicht zurück!	verneinte Aufforderung/ Verbot an die 2. Person Singular und Plural	Prohibitiv verneinender Bestandteil: nē

Plusquamperfekt

Beispiel	deutsche Wiedergabe	Aussagefunktion	grammatische Bezeichnung; Art der Verneinung
23. Libenter proximō annō vōbīscum in Italiam profectī essēmus.	23. Gerne wären wir im letzten Jahr mit euch nach Italien gefahren.	Bezeichnung eines nichtwirklichen Geschehens der Vergangenheit	Irrealer Aussagesatz der Vergangenheit
24. Vōbīs nōn onerī fuissēmus.	24. Wir wären euch nicht zur Last gefallen.		Verneinung: nōn
25. Utinam vōs comitārī potuissēmus;	25. Hätten wir euch doch begleiten können;	unerfüllbarer oder als unerfüllbar gedachter Wunsch der Vergangenheit	Irrealer Wunschsatz der Vergangenheit
26. utinam nē sine nōbīs iter fēcissētis!	26. hättet ihr die Reise doch nicht ohne uns unternommen!		Verneinung: nē

Genera verbi

Die Römer kämpfen um die Weltherrschaft.

1. Rōmānī multa bella gessērunt et multās nātiōnēs subēgērunt.

1. Die Römer führten viele Kriege und unterwarfen viele Volksstämme.

2. Etiam Gallī ā Rōmānīs subāctī sunt.

2. Auch die Gallier wurden von den Römern unterworfen.

Das Genus verbi ist die Handlungsart des Verbs; das Genus verbi zeigt an, wie eine Person oder Sache an einer Handlung beteiligt ist, ob sie aktiv wirkt oder passiv bleibt.

Die Person oder Sache ist entweder als selbst handelnd – das Verb steht im Aktiv (Satz 1) – oder als von dem Geschehen betroffen – das Verb steht im Passiv (Satz 2) – an dem Vorgang beteiligt. Verben, die ein Akkusativobjekt bei sich haben können, bilden ein persönliches Passiv; sie sind transitiv. Intransitive Verben haben kein Akkusativobjekt bei sich; sie bilden ein unpersönliches Passiv.

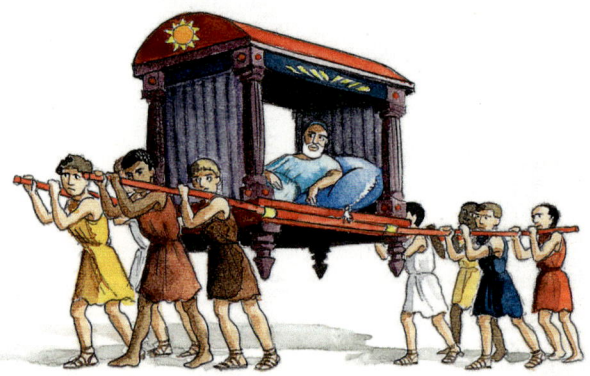

FRVMENTVM PORTAT   PORTATVR

3. Saepe inter Rōmānōs et gentēs aliēnās diū pūgnābātur.

3. Oft wurde zwischen den Römern und fremden Volksstämmen lange gekämpft./Oft kämpfte man lange …

4. Nōnnūllae autem gentēs sine vī et armīs ad imperium populī Rōmānī adiunctae sunt.

4. Einige Volksstämme wurden allerdings ohne Waffengewalt in das römische Reich eingegliedert./Einige Volksstämme ließen sich allerdings ohne Waffengewalt in das römische Reich eingliedern.

5. Bellīs omnia tantopere mūtantur, ut etiam hominēs ipsī mūtentur.

5. Durch Kriege wird alles so sehr verändert, dass auch die Menschen selbst verändert werden./Durch Kriege ändert sich alles so sehr, dass auch die Menschen selbst sich ändern.

Das lateinische Passiv wird im Deutschen meist auch durch das Passiv wiedergegeben. Es gibt aber noch andere Möglichkeiten der Wiedergabe: das unpersönliche »man« (Satz 3), reflexive Verben (»sich ändern« statt »geändert werden«, Satz 5) oder die Umschreibung mit »sich lassen« (Satz 4). Zum Wirkungsbereich des Passivs gehören außerdem die NcI-Konstruktion (s. S. 32) und das Gerundivum (s. S. 44–46).
Eine besondere Handlungsart, die es in dieser Form im Deutschen nicht gibt, zeigt das Deponens. Deponentien gibt es in allen Konjugationen. Sie haben passivische Formen mit aktivischer Bedeutung. Die aktivischen Formen wurden also sozusagen abgelegt (dēpōnere »ablegen«).

Wiedergabe durch
– Passiv
– »man«
– reflexive Verben
– »sich lassen«

Kasus und ihre Funktionen

Jedes Nomen[1] hat einen Kasus (Fall), einen Numerus (Zahl: Singular/Einzahl oder Plural/Mehrzahl) und ein Genus (Geschlecht: masculinum/männlich, femininum/weiblich, neutrum/sächlich). Das Nomen kann dekliniert (gebeugt) werden[2]. Dadurch wird seine Beziehung zu anderen Wörtern innerhalb des Satzes deutlich.
Im Lateinischen gibt es außer den im Deutschen vorhandenen Kasus Nominativ, Genitiv, Dativ und Akkusativ zwei weitere: den Ablativ (s. S. 26–28) und den Vokativ[3] (s. S. 20).
Das Lateinische unterscheidet sich im Kasusgebrauch manchmal vom Deutschen. Im Einzelfall gibt das Lexikon darüber Auskunft, mit welchem Kasus ein Verb, ein Adjektiv oder eine Präposition verbunden ist.

Nominativ

Der Nominativ[4] gibt dem Wort sozusagen seinen Namen. In diesem Kasus ist das Nomen im Lexikon als Vokabel aufgeführt.
Im Nominativ stehen das Subjekt eines Satzes und die mit ihm verbundenen Ergänzungen und Erweiterungen (Prädikatsnomen: s. S. 7, 20, 45–46; adjektivisches Attribut: s. S. 8–9, 20; Apposition: s. S. 8–9, 20; Prädikativum: s. S. 9–10, 20[5]). Man fragt nach dem Subjekt:

Wer/Was tut etwas?
Wer/Was ist jemand/etwas?

[1] *Als Nomen bzw. Nennwort bezeichnet man in der lateinischen Grammatik die Wortarten Substantiv (Hauptwort), Adjektiv (Eigenschaftswort), Pronomen (Fürwort), Numerale (Zahlwort), Partizip (Mittelwort). Im Deutschunterricht wird Nomen gleichbedeutend mit Substantiv verwendet.*

[2] *Bei den Numeralia gilt dies für alle Ordnungszahlen, für die Grundzahlen aber nur zum Teil; hier gibt es viele, die nicht dekliniert werden.*

[3] *Auch im Russischen gibt es 6 Fälle, im Polnischen und Tschechischen sogar 7. Die Kasussysteme dieser Sprachen sind mit dem lateinischen Kasussystem verwandt.*

[4] *von nōmināre »nennen«*

[5] *Attribut, Apposition und Prädikativum können mit jedem Substantiv im Satz in jedem Kasus verbunden sein (s. S. 8–10). Sie werden im Folgenden bei den weiteren Kasus deshalb nicht mehr ausdrücklich genannt.*

Sklave zu sein, ist ein schlimmer Zustand.

1. Servī labōrant.	1. Sklaven strengen sich an/leiden.
2. Apollodōrus servus est.	2. Apollodorus ist ein Sklave.
3. Ergō Apollodōrus quoque labōrat.	3. Also leidet auch Apollodorus/strengt sich auch Apollodorus an.
4. Fortūna multōrum servōrum misera erat.	4. Das Schicksal vieler Sklaven war schlimm.
5. Servī ā multīs Rōmānīs contemnebantur.	5. Sklaven wurden von vielen Römern verachtet.
6. Tamen servī contemnendī nōn erant.	6. Dennoch waren Sklaven nicht verachtenswert.
7. Multī servī Graecī docēbant.	7. Viele griechische Sklaven unterrichteten/waren Lehrer.
8. Etiam Apollodōrus, servus Graecus, docēbat.	8. Auch Apollodorus, ein griechischer Sklave, unterrichtete/war Lehrer.
9. Tamen Apollodōrus saepe maestus dīcēbat: »Servus Rōmam vēnī.«	9. Dennoch sagte Apollodorus oft traurig: »Als Sklave bin ich nach Rom gekommen.«

[1] *Vgl. den doppelten Akkusativ S. 25.*

Der doppelte Nominativ[1] (als Subjekt und Prädikatsnomen) findet sich bei passivischen Aussagen:

10. Aliquandō Apollodōrus ā Rōmānīs servus factus est.	10. Apollodorus wurde einst von den Römern zum Sklaven gemacht.

Vokativ

[2] *von vocāre »rufen«*

[3] *Es gibt auch die Auffassung, die Anredeform nicht als Kasus im eigentlichen Sinne anzusehen.*

Beachte außerdem: Substantive (meist Eigennamen) auf -ius: Gāī! Lūcīlī! Mī fīlī! (vgl. S. 75)

Der Vokativ[2] ist der Kasus[3] der Anrede. Er hat in der Regel die gleiche Form wie der Nominativ. Nur die Substantive und Adjektive der o-Deklination auf -us haben für diesen Kasus im Singular eine eigene Endung auf -e.

1. Ō dī immortālēs !	1. Ihr unsterblichen Götter!
2. Quirītēs!	2. (Ihr) Bürger Roms!
3. Amīce! Miser Catulle!	3. Freund! Bedauernswerter Catull!
4. Ō tempora, ō mōrēs!	4. Was für Zeiten, was für Gewohnheiten!

Genitiv

Der Genitiv[1] bezeichnet den Bereich, zu dem eine Person oder Sache gehört. Er tritt vor allem als Attribut bei einem Substantiv auf (s. S. 8–9), erscheint aber auch als Prädikatsnomen und als Objekt bei bestimmten Adjektiven und Verben. Man fragt: Wessen? Wovon? Was für ein?.

[1] »Abstammungs«kasus – vom PPP genitus zu gignere »erzeugen«

Genitivendungen
– im Singular: servī, dōnī, amīcae, cōnsulis, exercitūs, reī
– im Plural: servōrum, dōnōrum, amīcārum, cōnsulum, urbium, exercituum, rērum

Zu unterscheiden sind:

Genitiv	
– des **Besitzers** (possessivus)	– der **Wertschätzung** (pretii)
– der **Beschaffenheit** (qualitatis)	– des **Teilverhältnisses** (partitivus)
– zur Bezeichnung des **Ausgangspunkts** und des **Ziels** einer **Tätigkeit** oder **Empfindung** (subiectivus und obiectivus)	– der **Erläuterung** (explicativus)
	– der **Strafe**/des **Verbrechens** (criminis)
	– als Objekt

des Besitzers (possessivus) – Wessen?

Die ägyptische Königin Kleopatra bezauberte nicht nur Caesar.

1. Vestīmenta et ōrnāmenta Cleopatrae māgnifica erant.

1. Die Kleider und der Schmuck Kleopatras waren prächtig.

2. Rēgīnae erat Aegyptum regere.

2. Es war Aufgabe der Königin, Ägypten zu regieren.

3. Salūtī tot hominum prōvidēre māgnae prūdentiae est.

3. Für das Wohlergehen so vieler Menschen zu sorgen, ist Zeichen großer Klugheit/ist sehr klug.

der Beschaffenheit (qualitatis) – Was für ein? (Vgl. auch Abl. qual. S. 28)

4. Cleopatra fuit mulier māgnae prūdentiae.

4. Kleopatra war eine Frau von großer Klugheit/eine besonders kluge Frau.

zur Bezeichnung des Ausgangspunkts und Ziels einer Tätigkeit oder Empfindung (subiectivus bzw. obiectivus) – Wessen?/Wovor?/Worauf?/Zu wem?

5. Cleopatra amōre Caesaris adducta

cum eō Rōmam profecta est.

5. Kleopatra reiste auf Grund von Caesars Liebe (subiectivus)
aus Liebe zu Caesar (obiectivus)
mit ihm nach Rom.

Ob es sich um einen genitivus subiectivus oder obiectivus handelt, muss in den meisten Fällen aus dem Textzusammenhang erschlossen werden. Eindeutige Beispiele für den genitivus obiectivus sind dagegen:

6. timor mortis	6. Todesfurcht/Furcht vor dem Tod
7. spēs salūtis	7. Hoffnung auf Rettung

der Wertschätzung (pretii) – Wie hoch?/Um wie viel? (vgl. Abl. pretii S. 28)

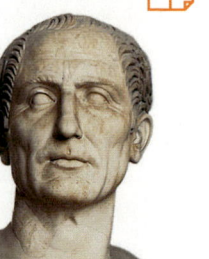

8. Cleopatra amīcitiam Caesaris māgnī aestimābat.	8. Kleopatra schätzte die Freundschaft Caesars/mit Caesar sehr.

des Teilverhältnisses (partitivus) – Wovon?

9. Multī cīvium Rōmānōrum autem rēgīnam nōn dīligēbant.	9. Viele der römischen Bürger aber liebten die Königin nicht/ Viele römische Bürger ...

der Erläuterung (explicativus) – Mit welcher näheren Bezeichnung?

10. Nōmen enim rēgīnae et rēgis Rōmānīs invīsum erat.	10. Denn der Name/Begriff »Königin« und »König« war den Römern verhasst.

der Strafe/des Verbrechens (criminis) – Zu welcher Strafe?/Wegen welchen Vergehens?

11. Clāde ad Actium acceptā Cleopatra Rōmae capitis damnāta esset, nisī mortem sibi cōnscīvisset.	11. Nach der Niederlage bei Aktium wäre Kleopatra in Rom zum Tode verurteilt worden, wenn sie nicht Selbstmord begangen hätte.

als Ergänzung bei bestimmten Adjektiven und Verben (besonders denen des Vergessens und Sich-Erinnerns) (Objekt bzw. obiectivus)

12. Cleopatra glōriae cupida erat;	12. Kleopatra war ruhmsüchtig;
13. etiam frāter eius, quī imperiī particeps erat, glōriam sibi parāre studēbat.	13. auch ihr Bruder, der an der Herrschaft Anteil hatte, war darauf aus, sich Ruhm zu erwerben.
14. Caesare occīsō Rōmānī Cleopatrae diū meminerant, rēgīnae oblīvīscī nōn poterant.	14. Nach Caesars Ermordung erinnerten sich die Römer lange an Kleopatra, sie konnten die Königin nicht vergessen.

bei causā und grātiā »wegen«, »um ... willen«

15. Glōriae causā (grātiā) Cleopatra multīs hominibus māgnās iniūriās intulit.	15. Wegen des Ruhmes (Um des Ruhmes willen) fügte Kleopatra vielen Menschen großes Unrecht zu.	*Beachte: causā und grātiā in der Bedeutung »wegen«, »um ... willen« stehen immer hinter dem Nomen,*
16. Saepe cupiditās glōriae causa bellī est; bellī causā multī hominēs patriam relinquunt.	16. Oft ist Ruhmsucht ein Kriegsgrund; des Krieges wegen verlassen viele Menschen ihr Heimatland.	*zu dem sie gehören. Unterscheide in Satz 16 die verschiedenen Bedeutungen!*

Dativ

Der Dativ[1] nennt die Person oder Sache, für die eine Handlung bestimmt ist. Er tritt meistens als Objekt auf, kommt aber auch als Prädikatsnomen und als Adverbiale vor.
Gefragt wird: Wem? Für wen? Wofür? Wozu?.

[1] »Gebe« kasus; von dare »geben«

Dativendungen
– im Singular: servō, dōnō, amīcae, cōnsulī, exercituī, reī
– im Plural: servīs, dōnīs, amīcīs, cōnsulibus, exercitibus, rēbus

Der Dativ steht immer ohne Präposition.
Zu unterscheiden sind:

Dativ	
– als **Objekt**	– des **Besitzers (possessivus)**
– des **Vorteils/Nachteils**, des **Interesses** (**commodi/incommodi**)	– der **handelnden Person (auctoris)**
	– des **Zwecks (finalis)**

als Objekt – Wem?

C. Iulius Caesar hatte in Rom viele Feinde, bei seinen Soldaten war er aber sehr beliebt.

1. Plērumque mīlitēs libenter imperiō Caesaris pāruērunt.	1. Meistens gehorchten die Soldaten bereitwillig dem Befehl Caesars.
2. Rōmae autem multī glōriae Caesaris invidērunt.	2. (In Rom aber standen viele dem Ruhm Caesars neidvoll gegenüber.) / In Rom aber waren viele neidisch auf Caesars Ruhm.
3. Adversāriī eius cīvibus persuādēbant Caesarem novīs rēbus studēre.	3. Seine Gegner versuchten die Bürger davon zu überzeugen, dass Caesar einen Umsturz plane.

des Vorteils/Nachteils, des Interesses (commodi/incommodi) – Für/Gegen wen?/Wofür?

4. Legiōnēs nōn sōlum reī pūblicae, sed etiam imperātōrī labōrābant.	4. Die Legionen mühten sich nicht nur für den Staat ab, sondern auch für ihren Feldherrn.

des Besitzers (possessivus) – Wem gehört?

5. Caesarī summum imperium erat.	5. Caesar hatte das Oberkommando.
6. Caesarī in animō erat praeter exspectātiōnem hostēs aggredī.	6. Caesar hatte vor, die Feinde unerwartet anzugreifen.

der handelnden Person (auctoris) – Für wen besteht die Pflicht, etwas zu tun? (beim Gerundivum, statt a + Abl., s. S. 45–46)

7. Caesarī igitur mātūrandum erat. Nōnnumquam eī omnia ūnō tempore erant agenda.	7. Caesar musste sich also beeilen. Manchmal musste er alles gleichzeitig tun.

des Zwecks (finalis; in Verbindung mit einem dativus commodi/incommodi: doppelter Dativ) – Wozu ist/dient?

8. Salūs mīlitum Caesarī cordī erat.	8. Das Wohlergehen der Soldaten lag Caesar am Herzen.
9. Iīs mīlitibus, quī in perīculō erant, Caesar statim auxiliō vēnit.	9. Den Soldaten, die in Gefahr waren, kam Caesar sofort zu Hilfe.
10. Hostibus Caesar odiō erat.	10. Den Feinden war Caesar verhasst.

Akkusativ

Der Akkusativ gibt die Richtung einer Handlung an. Er erscheint vor allem als Objekt, tritt aber auch als Adverbiale auf. Man fragt
nach dem Objekt   »Wen oder was?«,
nach dem Adverbiale »Wohin?«
          bzw. »Wie hoch? Wie tief? Wie breit? Wie weit? Wie lange?«.
Akkusativendungen
– Sg.:   servum, dōnum, amīcam, cōnsulem, scelus, exercitum, rem
– Pl.:   servōs, dōna, amīcās, cōnsulēs, scelera, exercitūs, rēs

Im Neutrum lautet der Akkusativ gleich dem Nominativ; das gilt auch bei Substantiven der 3. Deklination, z. B. scelus, sceleris »das Verbrechen«, lītus, lītoris »der Strand«, nōmen, nōminis »der Name«, mare, maris »das Meer«. Zu unterscheiden sind:

Akkusativ	
– als **Objekt**	– in der Verwendung
– der **Richtung**	als **doppelter Akkusativ**
– der **Ausdehnung** in **Raum**	– des **Ausrufs**
und **Zeit**	

als Objekt – Wen?/Was?

Cicero gelingt es als Konsul 63 v. Chr., die Verschwörung Catilinas aufzudecken. Er tritt im Senat gegen Catilina auf.

1. Cicerō aedificium intrat, Catilīnam videt.	1. Cicero betritt das Gebäude und sieht Catilina.

der Richtung – Wohin?

2. Caesar Rōmam it, tum in cūriam properat.	2. Caesar reist nach Rom, dann eilt er in das Senatsgebäude.

der Ausdehnung in Raum und Zeit – Wie weit?/Wie lange?

3. Domus Cicerōnis aliquot passūs ā cūriā abest;	3. Das Haus Ciceros ist einige Schritte vom Senatsgebäude entfernt;
4. domī familia multās hōrās exspectat.	4. zu Hause wartet die Familie viele Stunden.

doppelter Akkusativ – Wen als/zu was?

5. Dēnique senātus Catilīnam hostem iūdicat.	5. Schließlich erklärt der Senat Catilina zum Staatsfeind.

des Ausrufs

6. Stīpātōrēs Catilīnae ā magistrātibus dēprehēnsī exclāmant: »Ō nōs miserōs!«	6. Als die Anhänger Catilinas von den Behörden entdeckt worden sind, rufen sie aus: »O wir Unglücklichen!«

Zum AcI (Akkusativ mit Infinitiv) s. Infinitivkonstruktionen (S. 29–32).

Beachte:
Die meisten lateinischen Präpositionen haben den Akkusativ bei sich; sie lauten (in alphabetischer Reihenfolge): ad, adversus, ante, apud, circā, circum, contrā, ergā, extrā, in, īnfrā, inter, intrā, iuxtā, ob, per, post, praeter, prope, propter, sub, suprā, trāns und ultrā.
(zu in und sub siehe auch S. 28 die Anmerkung Präpositionen beim Ablativ)

Ablativ

Der Ablativ ist ein Sammelkasus, in dem verschiedene Bedeutungsbereiche vereinigt sind[1]. Er kommt vor allem als Adverbiale vor, manchmal auch als Objekt oder als Attribut bzw. Prädikatsnomen.

Ablativendungen
im Singular: servō, dōnō, amīcā, cōnsule, turrī, exercitū, rē;
im Plural wie der Dativ Plural (s. S. 23).

Der Ablativ umfasst drei große Bereiche:
– Punkt in Raum und Zeit (Wo? Wann?)
– Ausgangspunkt oder Trennung (Woher? Wovon?)
– Mittel und Gemeinschaft (Womit? Wodurch? Mit wem?)

Oft wird er durch Präpositionalausdrücke wiedergegeben.
Zu unterscheiden sind:

Wiedergabe oft durch Präpositionalausdruck

[1] *Ursprünglich war der Ablativ der Kasus der Trennung; sein Name ist vom PPP ablātus zu auferre »wegtragen« abgeleitet.*

Ablativ	
– als **Objekt** (verwandt mit dem instrumentalis)	– des **Mittels** (instrumenti; auch: **instrumentalis**)
	– der **Preisangabe** (pretii)
Wo? Wann? { – des **Ortes** (loci) – der **Zeit** (temporis)	– des **Grundes** (causae) – der **Beziehung** (limitationis)
	– des **Unterschieds** bei Maßangaben (mensurae)
Woher? { – der **Herkunft** (originis) – der **Trennung** (separativus) – des **Vergleichs** (comparationis)	– der **Gemeinschaft** (sociativus) – der **Art und Weise** (modi) – der **Eigenschaft** (qualitatis)

Womit?

als Objekt (bei Verben, die »von etwas Gebrauch machen« bedeuten)

Kaiser Hadrian war – im Gegensatz zu manchen seiner Vorgänger und Nachfolger – ein sehr gebildeter Mann. Besonders gut kannte er die Kultur der Griechen.

1. Hadriānus etiam in Graeciā officiīs dīligenter fungebātur.

1. Hadrian erfüllte auch in Griechenland seine Pflichten sorgfältig.

2. Admīrātiōne Graecōrum fruebātur.

2. Er genoss die Bewunderung von Seiten der Griechen.

des Ortes (loci) – Wo?/An welcher Stelle?

3. Hadriānus imperātor nātus est in Hispāniā, Baiīs mortuus est.

3. Kaiser Hadrian wurde in Spanien geboren, in Baiae starb er.

4. Exercitūs eius terrā marīque fīnēs imperiī Rōmānī dēfendēbant.

4. Seine Heere verteidigten zu Wasser und zu Lande die Grenzen des römischen Reiches.

der Zeit (temporis) – Wann?/Zu welchem Zeitpunkt?

5. Hadriānus hieme et aestāte in castrīs mīlitum versābātur.

5. Hadrian hielt sich im Winter und im Sommer im Lager der Soldaten auf.

6. Imperātor annō centēsimō duodēquadrāgēsimō post Christum nātum mortem obiit.

6. Der Kaiser starb im Jahre 138 nach Christus.

der Herkunft (originis) – Von welcher Abstammung?

7. Hadriānus nōn nōbilī genere nātus post mortem Trāiānī imperātor factus est.

7. Hadrian wurde, obwohl er nicht von einem Adelsgeschlecht abstammte, nach dem Tod Trajans Kaiser.

der Trennung (separativus) – Woher?/Wovon?

8. Saepe Hadriānus Rōmā in Graeciam ībat.

8. Oft reiste Hadrian von Rom nach Griechenland.

9. Ibī autem nōn semper cūrīs līber erat.

9. Dort war er allerdings nicht immer frei von Sorgen.

des Vergleichs (comparationis) – Von wo aus gesehen?

10. Hadriānus doctior erat aliīs imperātōribus.

10. Hadrian war gebildeter als andere Kaiser.

des Mittels (instrumenti; auch instrumentalis) – Womit?/Wodurch?

11. Hadriānus vīllam māgnificam possidēbat, quam statuīs Graecīs exōrnābat.

11. Hadrian besaß ein prächtiges Landhaus, das er mit griechischen Statuen ausschmückte.

12. Semper clāra artificia Graecōrum memoriā tenēbat.

12. Immer behielt er die berühmten Kunstwerke der Griechen in Erinnerung.

der Preisangabe (pretii) – Zu welchem Preis? (vgl. Gen. pretii S. 22)

13. Hadriānus nōnnumquam statuās et alia artificia **magnō** ēmit.	13. Hadrian kaufte gelegentlich Statuen und andere Kunstwerke **teuer** ein.

Beachte:
Präpositionen beim Ablativ sind: ā/ab, ē/ex, dē, cum, sine, prō und prae.
In und sub stehen auf die Frage »Wo?« beim Ablativ, auf die Frage »Wohin?« beim Akkusativ.

des Grundes (causae) – Warum?/Aus welchem Grunde?

14. Tum multī Rōmānī **statuīs Graecīs** gaudēbant.	14. Damals hatten viele Römer ihre Freude **an griechischen Statuen**.

der Beziehung (limitationis) – Woran?/In welcher Beziehung?

15. Hadriānus iam adulēscēns **doctrīnā** aliōs hominēs illīus aetātis superābat.	15. Hadrian übertraf schon als junger Mann **an Bildung** andere Menschen jener Zeit.

des Unterschieds bei Maßangaben (mensurae) – Um wie viel?

16. **Nōnnūllīs annīs** post etiam virōs doctōs irrīsit.	16. **Einige Jahre** später verspottete er sogar Gelehrte.

der Gemeinschaft (sociativus) – Mit wem zusammen?

17. **Cum amīcīs** Hadriānus templum Minervae frequentābat.	17. **Zusammen mit seinen Freunden** besuchte Hadrian oft den Minervatempel.

der Art und Weise (modi) – Wie?/Auf welche Weise?

18. **Magnā (cum) dīligentiā** fabrī vīllam Hadriānī exōrnābant.	18. **Mit großer Sorgfalt** schmückten Handwerker das Landhaus Hadrians aus.

der Eigenschaft (qualitatis) – Wie beschaffen?/Was für …? (vgl. Gen. qual. S. 21)

19. Hadriānus vir **magnā prūdentiā** et **ērudītiōne** erat.	19. Hadrian war ein Mann **von großer Intelligenz** und **Bildung**.

Zum Ablativus absolutus s. Partizipialkonstruktionen S. 38–40.

→ Test zum Ablativ s. S. 33

Infinitiv und Infinitivkonstruktionen

Infinitiv

Der Infinitiv gehört zu den Nominalformen des Verbs[1]. Diese Verbformen werden nicht – wie bei Verbformen sonst üblich – konjugiert, sondern dekliniert. Sie heißen infinite Formen im Gegensatz zu den finiten Formen, weil sie nicht durch eine Personalendung »begrenzt« sind.[2]
Der Infinitiv ist die Grundform/Nennform des Verbs. Er kommt im Aktiv und Passiv sowie in drei verschiedenen Zeiten vor: im Präsens, Perfekt und Futur. Zu den Deklinationsformen des Infinitivs s. Tabelle S. 43.

Im Satz erscheint der Infinitiv meist als Subjekt oder als Objekt.

> Nach der Zerstörung Trojas wurde Odysseus (lat. Ulixes) 10 Jahre lang von dem Meeresgott Poseidon (lat. Neptunus) umhergetrieben, ehe er in seine Heimat Ithaka zurückkehren konnte.
>
> Subjekt:
> 1. Diū in altō errāre iūcundum   1. Lange auf hoher See umherzuirren
>   nōn est.   ist nicht angenehm.
>
> Objekt:
> 2. Itaque Ulixēs īram Neptūnī plācāre 2. Deshalb beabsichtigte Odysseus,
>   parābat.   den Zorn des Neptun zu besänftigen.

Der Infinitiv kann durch Objekte (hier: īram) und/oder Adverbialien (hier: diū und in altō) ergänzt bzw. erweitert sein.

Die Verwendung des Infinitivs als Subjekt und Objekt entspricht weitgehend dem deutschen Sprachgebrauch.

Akkusativ mit Infinitiv
(Accusativus cum Infinitivo – AcI[3])

Im Lateinischen gibt es zahlreiche Verben, die nicht nur ein Nomen, sondern zugleich einen Infinitiv als Akkusativobjekt bei sich haben (S. 30, Satz 1–3). Es sind vor allem Verben, die eine Wahrnehmung, ein Wissen oder eine Behauptung bzw. einen Befehl ausdrücken. Bei unpersönlichen Ausdrücken erscheint dieser AcI als Subjekt (S. 30, Satz 4), sonst als Objekt (S. 30–31, Satz 1, 2, 3, 5–7).

[1] *Nominalformen des Verbs sind auch das Gerundium (s. S. 43–44), das Gerundivum (s. S. 44–46), die Partizipien (s. S. 35–40) und die Supina (s. S. 46).*

[2] *von īnfīnītus »unbegrenzt«*

[3] *Zu der ähnlichen Konstruktion des AcP (Accusativus cum Participio) s. S. 36, Anm. 1.*

Auf seinen Irrfahrten kam Odysseus auch zu der Zauberin Kirke. Sie verwandelte Menschen, die sich ihrer Insel näherten, in Schweine.

1. Ulixēs Circam ad gregem porcōrum īre vīdit.

1. Odysseus sah Kirke zu einer Schweineherde gehen./
Odysseus sah, dass Kirke zu einer Schweineherde ging.

2. Ulixēs Circam sociīs faciem hominum reddere iussit.

2. Odysseus befahl Kirke, seinen Begleitern die Menschengestalt zurückzugeben./
Odysseus erteilte den Befehl, dass Kirke seinen Begleitern die Menschengestalt zurückgibt/ zurückgebe.

3. Homērus Circam virōs in porcōs mūtāvisse narrat.

3. Homer erzählt, dass Kirke Männer in Schweine verwandelt hat/habe.

4. Ulixem amōre Circae captum esse cōnstat.

4. Es ist bekannt, dass Odysseus sich in Kirke verliebt hat./
Odysseus hat sich, wie bekannt ist, in Kirke verliebt./
Bekanntlich hat sich Odysseus in Kirke verliebt.

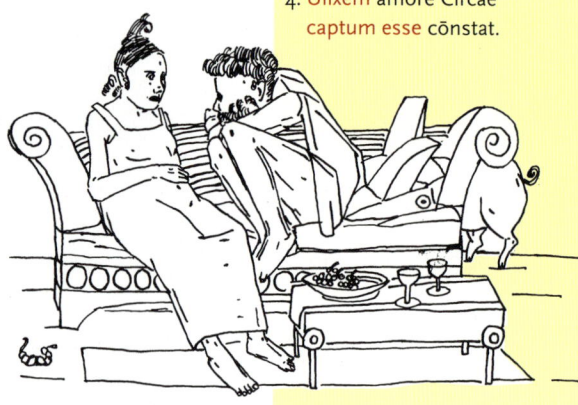

Der AcI ist eine satzwertige Konstruktion, also sozusagen ein Satz im Satz; er besteht aus einem eigenen Subjekt, das im Akkusativ steht, dem sogenannten Subjektsakkusativ, und einem eigenen Prädikat, das im Infinitiv steht, dem sogenannten Prädikatsinfinitiv.

Im Deutschen lässt sich der AcI nur bei Verben nachvollziehen, die eine sinnliche Wahrnehmung (hören, sehen etc.) ausdrücken. In den anderen Fällen empfiehlt es sich, den AcI mit einem dass-Satz wiederzugeben oder die Aussage sinngemäß zu umschreiben.

Wiedergabe meist durch
– dass-Satz
– sinngemäße Umschreibung

Die englische Konstruktion object + infinitive nach bestimmten Verben entspricht oft dem lateinischen Sprachgebrauch.

5. Ulysses saw Circe walk towards a herd of pigs.
vgl.
Ulixēs Circam ad gregem porcōrum īre vīdit.

5. Odysseus sah Kirke zu einer Schweineherde gehen./
Odysseus sah, dass Kirke … ging.

Die Prädikatsinfinitive drücken keine Zeitstufe, also z. B. Gegenwart, sondern ein Zeitverhältnis aus:

6. Ulixēs scit
   sociōs in perīculō fuisse,
 	
   sociōs in perīculō esse,
   sociōs in perīculō futūrōs esse.
	6. Odysseus weiß,
	   dass seine Begleiter in Gefahr
	   gewesen sind,
	   dass seine Begleiter in Gefahr sind,
	   dass seine Begleiter in Gefahr sein
	   werden.

7. Ulixēs sciēbat
   sociōs in perīculō fuisse,
 	
   sociōs in perīculō esse,
   sociōs in perīculō futūros esse.
	7. Odysseus wusste,
	   dass seine Begleiter in Gefahr
	   gewesen waren,
	   dass seine Begleiter in Gefahr waren,
	   dass seine Begleiter in Gefahr sein
	   werden/würden.

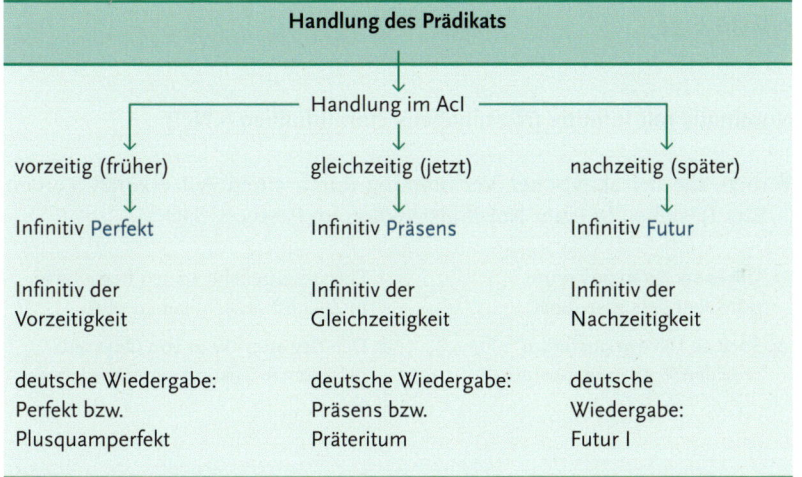

Das Tempus der deutschen Wiedergabe des Infinitivs richtet sich nach dem Tempus, in dem das lateinische Prädikat steht.
Besonders zu beachten sind die Pronomina:

8. Ulixēs Circae: »Nōn īgnōrō mē
   sine tuō auxiliō redīre nōn posse.«
	8. Odysseus sagt zu Kirke: »Ich weiß
	   ganz genau, dass ich ohne deine Hilfe
	   nicht zurückkehren kann.«

9. Ulixēs nōn īgnōrat sē sine Circae
   auxiliō in patriam nāvigāre
   nōn posse.
	9. Odysseus weiß ganz genau, dass er
	   ohne die Hilfe Kirkes nicht in seine
	   Heimat segeln kann.

Das Subjekt des Satzes erscheint, wenn es gleichzeitig Subjekt des AcI ist, dort noch einmal als Personalpronomen (Satz 8); bei der dritten Person steht in einem solchen Fall das reflexive Personalpronomen sē (Satz 9).

Im Deutschen wird immer das nichtreflexive Personalpronomen verwendet. Auch beim Possessivpronomen wird im Lateinischen bei der dritten Person der Bezug auf das Subjekt des Satzes durch die Verwendung des Reflexivpronomens sichtbar gemacht:

10. Neptūnus in cōnsiliō deōrum nōn negāvit sē iniūriam Polyphēmī, fīliī suī, tolerāre nōn posse.	10. Neptun stritt in der Ratsversammlung der Götter nicht ab, dass er das Unrecht an Polyphem, seinem Sohn, nicht ertragen könne.
11. Nōs autem nōn īgnōrāmus fīlium eius sociōs Ulixis necāvisse.	11. Wir allerdings wissen ganz genau, dass sein/dessen Sohn Begleiter des Odysseus getötet hat.

→ Test s. S. 34

Nominativ mit Infinitiv (Nominativus cum Infinitivo – NcI)

Verben, die bei aktivischer Verwendung durch einen AcI ergänzt werden (s. Satz 1), stehen in einer NcI-Konstruktion im Passiv (s. Satz 2).

1. Ulixēs sociōs in posterum providentiōrēs esse iubet.	1. Odysseus befiehlt seinen Begleitern, in Zukunft vorsichtiger zu sein.
2. Sociī ab Ulixe in posterum providentiōrēs esse iubentur.	2. Den Begleitern wird von Odysseus befohlen, in Zukunft vorsichtiger zu sein.

Wiedergabe durch unpersönliche Konstruktion

Der NcI kommt besonders bei Verben vor, die einen Befehl oder Zwang ausdrücken, z. B. bei cōgī »gezwungen werden«, iubērī »beauftragt werden« u. a. Außerdem erscheint er häufig bei vidērī »scheinen« und bei Verben des Sagens, Urteilens und Meinens, wenn sie im Passiv verwendet sind. Bei der Wiedergabe muss das lateinische persönliche Passiv (Satz 4: Circa dīcitur ...) oft durch eine unpersönliche Konstruktion (Es wird gesagt ...) ersetzt werden.

Im Englischen gibt es eine dem NcI entsprechende Konstruktion (s. Satz 4).

3. Ulixēs Circam valdē amāvisse vidētur.	3. Odysseus scheint Kirke sehr geliebt zu haben.
4. Circa mulier pulcherrima fuisse dicitur. Circe is said to have been a very beautiful woman.	4. Es wird gesagt/Man sagt, dass Kirke eine sehr schöne Frau gewesen ist./Kirke soll eine sehr schöne Frau gewesen sein.

→ Test s. S. 34

TEST

Ablativ

In seinem Tatenbericht beschreibt Kaiser Augustus das entscheidende Jahr 27 v. Chr., in dem er einen Teil der Staatsgewalt an den Senat zurückgab. Der verlieh ihm im Gegenzug besondere Machtbefugnisse und den Ehrentitel Augustus. Später kam ein weiterer Ehrentitel hinzu.

1 In consulatu sexto et septimo rem publicam ex mea potestate in senatus populique Romani arbitrium[1] transtuli.

2 Pro eo merito[2] senatus consulto Augustus[3] appellatus sum, laureis[4] domus mea vestita[5] est, corona civica[6] super ianuam[7] meam fixa est, clipeus[8] aureus[9] in curia Iulia[10] positus est.

3 Post id tempus auctoritate omnibus praestiti, potestatis autem nihilo amplius habui ceteris.

4 Cum tertio decimo consulatu fungebar[11], consensu omnium »pater patriae« appellatus sum.

(nach Augustus, res gestae 34-35)

[1] *arbitrium, -i n. Entscheidungsgewalt*

[2] *meritum, -i n. Verdienst*
[3] *Augustus »der Erhabene«*
[4] *laurea, -ae f. Lorbeer, hier: Lorbeerbäumchen (Zeichen des Sieges)*
[5] *vestire hier: schmücken*
[6] *corona civica Bürgerkrone (die für die Rettung römischer Bürger verliehen wurde)*
[7] *ianua, -ae f. Tür*
[8] *clipeus, -i m. Schild (s. Abbildung)*
[9] *aureus, -a, -um golden*
[10] *curia Iulia Senatsgebäude, in dem der Senat tagte (von Caesar errichtet)*

[11] *fungi m. Abl. ausüben, innehaben*

I. Erkennen
Schreibe alle Wortblöcke (ggf. mit Präposition) heraus, die im Ablativ stehen.

II. Bestimmen
Bestimme die Deklinationsklasse und den Numerus der Nomen im Ablativ.

III. Übersetzen
Übersetze den gesamten Text in möglichst gutes Deutsch.

IV. Verstehen
Benenne die jeweilige Funktion der Ablative, indem du die passende Frage und den entsprechenden Fachbegriff angibst.

→ Lösungen s. S. 95

AcI/NcI

1 Aegyptus rex et Danaus fratres erant.

2 Illi quinquaginta filii, quinquaginta filiae Danao erant.

3 Aliquando filii Aegypti ad Danaum venerunt et affirmaverunt se filias eius acriter amare et in matrimonium[1] ducere velle.

[1] in matrimonium ducere (eine Frau) heiraten

4 Danaus autem eos spem in divitiis suis ponere putabat.

5 Itaque cum puellis in Graeciam fugit, quod sperabat se hoc modo filias a matrimonio[2] prohibiturum esse.

[2] matrimonium, -i n. Ehe

6 Sed filii etiam iter in Graeciam fecisse feruntur.

7 Tum demum Danaus nuptias[3] concessit, sed filias iussit adulescentes inter nuptias[3] necare.

[3] nuptiae, -arum f. (Pluralwort) Hochzeit

8 Omnes praeter unum interfectos esse notum est.

9 Hoc facinus a deis cognitum est. Danaides[4] autem maximas poenas dedisse traduntur:

[4] Danaides, -um f. die Danaiden/Töchter des Danaus
[5] dolium perforatum n. durchlöchertes Fass
[6] infundere hineingießen

10 Aquam in dolium perforatum[5] infundere[6] debuerunt.

I. Erkennen
a Schreibe alle AcIs mit den Prädikaten, von denen sie abhängen, heraus.
b Schreibe alle NcIs mit den Prädikaten, von denen sie abhängen, heraus.

II. Bestimmen
a Bestimme die Zeitstufe der übergeordneten Prädikate (Gegenwart/Vergangenheit).
b Bestimme die Form der Infinitive und ihr Zeitverhältnis zu den übergeordneten Prädikaten.

III. Übersetzen
Tipp: Übersetze zunächst den gesamten Text mündlich und bearbeite dann die folgenden Arbeitsaufträge.
a Übersetze den 3. und 4. Satz jeweils auf zwei verschiedene Arten und achte dabei besonders auf die Wiedergabe der Pronomina.
b Übersetze den 5., 7. und 8. Satz und achte dabei besonders auf die Wiedergabe der Zeitverhältnisse.
c Übersetze alle Sätze, in denen ein NcI enthalten ist, jeweils auf zwei verschiedene Arten.

IV. Verstehen
a Welche Arten von Verben können durch einen AcI bzw. NcI ergänzt werden? Welche Besonderheit fällt bei allen Prädikaten auf, die einen NcI bei sich haben?
b Welche Satzgliedfunktion kann der AcI übernehmen?
c Erkläre, warum im 3. und 4. Satz des lateinischen Textes unterschiedliche Pronomina den AcI einleiten.
d zu III a und III c: Welche Übersetzungsmöglichkeit hältst du jeweils sprachlich für die beste? Begründe.

→ Lösungen s. S. 95–96

Partizipialkonstruktionen

Partizipialkonstruktionen sind ein charakteristisches Merkmal der lateinischen Sprache. Sie ermöglichen es, auch komplexere Sachverhalte mit wenigen Worten auszudrücken. Zu unterscheiden sind das Participium Coniunctum und der Ablativus absolutus (vgl. S. 38–40). Beides sind satzwertige Konstruktionen.

Participium Coniunctum (PC)

Als PC erscheint meist[1] das Partizip der Gleichzeitigkeit (Partizip Präsens Aktiv/PPA), z. B. exspectāns, das dem deutschen Partizip »erwartend« entspricht, oder das Partizip der Vorzeitigkeit (Partizip Perfekt Passiv/PPP), z. B. exspectātus, -a, -um, das dem deutschen Partizip »erwartet« entspricht.

[1] *Das seltener vorkommende Partizip Futur Aktiv (PFA), z. B. exspectātūrus, -a, -um, drückt das Zeitverhältnis der Nachzeitigkeit aus; es kann auch eine Absicht zum Ausdruck bringen und lässt sich dann mit »um ... zu« + Infinitiv wiedergeben.*

Cornelia ist verliebt und erlebt eine große Enttäuschung.

1. Cornēlia Mārcum amīcum exspectāns sē ōrnat.

1. (Cornelia, ihren Freund Marcus erwartend, macht sich schön.) / Cornelia macht sich schön, weil sie ihren Freund Marcus erwartet.

2. Subitō servus portam pulsat et epistulam ā Mārcō scrīptam Cornēliae dat.

2. Plötzlich klopft ein Sklave an die Tür und gibt Cornelia einen von Marcus geschriebenen Brief/einen Brief, der von Marcus geschrieben worden ist.

3. Cornēlia epistulam legēns lacrimās effundit.

3. Während Cornelia den Brief liest, vergießt sie Tränen.

Das Partizip (im ersten Satz exspectāns, im zweiten Satz scrīptam, im dritten Satz legēns) ist mit seinem Bezugswort (im ersten Satz Cornēlia, im zweiten Satz epistulam, im dritten Satz Cornēlia) in KNG-Kongruenz verbunden. Es wird daher verbundenes Partizip (Participium Coniunctum[2] – PC) genannt.

[2] *von coniungere »verbinden«*

Auch im Englischen kommt eine mit dem PC vergleichbare Partizipialkonstruktion vor.

4. Expecting her friend Mark, Cornelia made herself beautiful. vgl. Cornēlia Mārcum amīcum exspectāns sē ōrnāvit.	4. Weil sie ihren Freund Markus erwartete, machte sich Cornelia schön.

Das Participium Coniunctum kann im Satz in zweifacher Weise verwendet sein:
– entweder attributiv, dann erläutert es wie ein Attribut sein Bezugswort näher,
– oder prädikativ, dann bezieht es sich inhaltlich auf die Prädikatshandlung.[1]

[1] *Bei Verben der Wahrnehmung wie z. B. animadvertere, vidēre, audīre u. ä. steht manchmal statt des Acl ein Akkusativ mit Partizip (AcP).*

Servus videt Cornēliam lacrimās effundentem.

Der Sklave sieht Cornelia Tränen vergießen./ Der Sklave sieht, wie Cornelia Tränen vergießt.

Der Acl betont das Ergebnis einer Handlung, der AcP den Vorgang.

	Bezugswort	Partizip
PC:	Cornēlia	Mārcum amīcum exspectāns sē ōrnat.
Das PC entspricht einem adverbialen Kausalsatz:	Cornēlia, quod	Mārcum amīcum exspectat, sē ōrnat.
dt. Wiedergabe:	Cornelia macht sich schön, weil sie ihren Freund Marcus erwartet.	
PC:	Servus epistulam	ā Mārcō scrīptam Cornēliae dat.
Das PC entspricht einem attributiven Relativsatz:	Servus epistulam, quae	ā Mārcō scrīpta est, Cornēliae dat.
dt. Wiedergabe:	Der Sklave gibt Cornelia einen Brief, der von Marcus geschrieben worden ist.	
PC:	Cornēlia	epistulam legēns lacrimās effundit.
Das PC entspricht einem adverbialen Temporalsatz:	Cornēlia, dum	epistulam legit, lacrimās effundit.
dt. Wiedergabe:	Cornelia vergießt Tränen, während sie den Brief liest.	

Bei prädikativer Verwendung kann die im Participium Coniunctum ausgedrückte Handlung in verschiedenen Sinnzusammenhängen zur übergeordneten Aussage stehen.
Folgende Sinnrichtungen sind möglich:

– temporal	(zeitlicher Zusammenhang)
– kausal	(Grund; Ursache)
– konzessiv	(ein der Hauptaussage entgegenstehender Grund)
– modal	(Art und Weise)
– konditional	(Bedingung)
– adversativ	(Gegensatz)

Zwei Tage später schreibt Cornelia in ihr Tagebuch:

5. Mārcum amīcum exspectāns mē ōrnāvī.

5. Weil ich meinen Freund Marcus erwartete, habe ich mich schön gemacht.

6. Subitō servus portam pulsāvit et epistulam ā Mārcō scrīptam mihi dedit.

6. Plötzlich klopfte ein Sklave an die Tür und gab mir einen Brief, der von Marcus geschrieben worden war.

7. Epistulam legēns lacrimās effūdī.

7. Während ich den Brief las, habe ich Tränen vergossen.

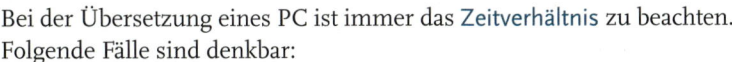

Bei der Übersetzung eines PC ist immer das Zeitverhältnis zu beachten.
Folgende Fälle sind denkbar:

Prädikat des lateinischen Satzes	Partizip	Zeitverhältnis	Tempus bei Wiedergabe der Partizipien mit einem Nebensatz
Präsens	PPA	gleichzeitig	Präsens
Präsens	PPP	vorzeitig	Perfekt
Futur	PPA	gleichzeitig	Präsens (auch: Futur I)
Futur	PPP	vorzeitig	Perfekt (auch: Futur II)
Vergangenheitstempus	PPA	gleichzeitig	Präteritum
Vergangenheitstempus	PPP	vorzeitig	Plusquamperfekt

Bei der Wiedergabe eines PC muss außerdem entschieden werden, ob das im PC ausgedrückte Geschehen in den Satz eingeordnet oder ihm bei- oder untergeordnet werden soll:
- Ein attributiv verwendetes PC kann eingeordnet (wörtliche Wiedergabe) oder untergeordnet werden (Relativsatz).
- Ein prädikativ verwendetes PC kann eingeordnet (präpositionaler Ausdruck), untergeordnet (Subjunktionalsatz) oder beigeordnet werden (weiterführender Haupt- bzw. Nebensatz).

Wiedergabe des attributiv verwendeten PC:
– Relativsatz
– Partizip (wie im Lat.)

Wiedergabe des prädikativ verwendeten PC durch
– präpositionalen Ausdruck
– Subjunktionalsatz
– weiterführenden Haupt- bzw. Nebensatz

[1] *Die konditionale und die adversative Sinnrichtung des prädikativen PC kommen nur selten vor; sie sind deshalb in die Tabelle nicht mit aufgenommen.*

Die folgende Übersicht zeigt die vorhandenen Übersetzungsmöglichkeiten[1]:

Übersetzungsmöglichkeit			
attributives PC	durch Einordnung:	durch Unterordnung:	durch Beiordnung:
	Partizip (wie im Lateinischen)	Relativsatz	— — — — — —

	Sinnrichtung	Übersetzungsmöglichkeit		
prädikatives PC		durch Einordnung: präpositionaler Ausdruck	durch Unterordnung: adverbialer Subjunktionalsatz	durch Beiordnung: fortführender Haupt- bzw. Nebensatz
	temporal/ gleichzeitig	während (+ Gen.)	während; als	(und) währenddessen
	temporal/ vorzeitig	nach (+ Dat.)	als; nachdem	und dann; und danach
	kausal	wegen (+ Gen.); infolge (+ Gen.)	weil; da	und deshalb
	konzessiv	trotz (+ Gen. oder Dat.)	obwohl; obgleich	und/aber dennoch; und/aber trotzdem
	modal	unter (+ Dat. ohne Artikel); durch (+ Akk. ohne Artikel); mit (+ Dat. ohne Artikel)	indem; dadurch, dass; wobei	und so; und dadurch; und dabei

→ Test s. S. 41

Ablativus absolutus (Abl. abs.)

Sehr häufig kommt im Lateinischen zur Verkürzung und Vereinfachung der Aussage eine Partizipialkonstruktion im Ablativ vor; sie heißt Ablativus absolutus (Abl. abs.)[2] oder Ablativ mit Prädikativum.

[2] *vom PPP absolūtus zu absolvere »loslösen«*

Minos, der König von Kreta, hatte von dem griechischen Baumeister Daedalus für das Ungeheuer Minotaurus ein Labyrinth erbauen lassen. Dem attischen Königssohn Theseus gelang es, mit Hilfe Ariadnes, der Tochter des Minos, den Minotaurus zu töten und unversehrt aus dem Labyrinth zu entkommen.

1. Daedalus Mīnōe rēgnante labyrinthum aedificāvit.

1. Daedalus baute ein Labyrinth, während/als Minos König war.

2. Thēseus Mīnōtaurō mōnstrō interfectō diū per viās labyrinthī errābat.

2. Nachdem das Ungeheuer Minotaurus getötet worden war, irrte Theseus lange durch die Gänge des Labyrinths./Nachdem er das Ungeheuer Minotaurus getötet hatte, irrte Theseus lange durch die Gänge des Labyrinths.

3. Dēnique Thēseus Ariadnā adiuvante salvus ex labyrinthō ēvādere potuit.

3. Schließlich konnte Theseus, weil Ariadne (ihm) half, unversehrt aus dem Labyrinth entkommen.

Der Ablativus absolutus besteht in der Regel aus einem Nomen und einem Partizip im Ablativ, die durch KNG-Kongruenz miteinander verbunden sind. Die Wortgruppe stellt eine satzwertige Konstruktion dar, in der das Nomen die Aufgabe des Subjekts, das Partizip die des Prädikats erfüllt.

		Nomen im Ablativ	Partizip im Ablativ	
Abl. abs. (PPA): Der Abl. abs. entspricht hier einem temporalen Adverbialsatz im Zeitverhältnis der Gleichzeitigkeit:	Daedalus	Mīnōe	rēgnante	labyrinthum aedificāvit.
	Daedalus,	dum Mīnōs	rēgnat,	labyrinthum aedificavit.
Deutsche Wiedergabe:	Während/Als Minos König war, baute Daedalus ein Labyrinth.			
Abl. abs. (PPP): Der Abl. abs. entspricht hier einem temporalen Adverbialsatz im Zeitverhältnis der Vorzeitigkeit:	Theseus	Mīnōtaurō	interfectō	diū per viās labyrinthī errābat.
	Theseus,	cum Mīnō-taurus	interfectus esset,	diū per viās labyrinthī errābat.
Deutsche Wiedergabe:	Nachdem der Minotaurus getötet worden war, irrte Theseus lange durch die Gänge des Labyrinths.			

Abl. abs. (PPA): Der Abl. abs. entspricht hier einem kausalen Adverbialsatz im Zeitverhältnis der Gleichzeitigkeit:	Dēnique Thēseus	Ariadnā	adiuvante	salvus ex labyrinthō ēvāsit.
	Dēnique Thēseus,	cum Ariadna	adiuvāret,	salvus ex labyrinthō ēvāsit.
Deutsche Wiedergabe:	Schließlich entkam Theseus, weil Ariadne (ihm) half, unversehrt aus dem Labyrinth.			

Der Ablativus absolutus drückt immer eine adverbiale Bestimmung aus. Bei jedem Satz, in dem er vorkommt, muss wie beim prädikativen Participium Coniunctum entschieden werden, welche Sinnrichtung vorliegt, d.h. in welchem Verhältnis die im Abl. abs. ausgedrückte Handlung zur Handlung des übergeordneten Prädikats steht. Es kommen dieselben Sinnrichtungen in Frage wie beim prädikativen PC (s. S. 37).

Auch die Übersetzungsmöglichkeiten des Ablativus absolutus entsprechen denen des prädikativen PC. Eine Wiedergabe durch ein Partizip oder einen Relativsatz ist nicht möglich. Zur Wiedergabe im Deutschen stehen zur Verfügung

Wiedergabe durch
– präpositionalen Ausdruck
– Subjunktionalsatz
– Fortführung des Satzes

– die Einordnung (präpositionaler Ausdruck);
– die Unterordnung (adverbialer Subjunktionalsatz);
– die Beiordnung (Fortführung des Haupt- bzw. Nebensatzes).
Im Einzelnen s. die Tabelle auf S. 38.

Wie beim Participium Coniunctum muss auch beim Ablativus absolutus das Zeitverhältnis genau beachtet werden (s. die Übersicht auf S. 37).

Gelegentlich kommt eine Sonderform des Ablativus absolutus vor: Statt eines Partizips erscheint neben dem Nomen im Ablativ ein zweites Nomen im Ablativ (Substantiv oder Adjektiv). Eine solche Wortgruppe heißt deshalb nominaler Ablativus absolutus; weil ein Partizip fehlt, wird sie auch verkürzter Ablativus absolutus genannt. Wortfügungen dieser Art werden im Deutschen am besten mit einem präpositionalen Ausdruck wiedergegeben:

Wiedergabe durch präpositionalen Ausdruck

Thēseō duce	unter Führung des Theseus
Ariadnā auctōre	auf Veranlassung Ariadnes
Mīnōe rēge	unter der Herrschaft des Königs Minos
Mīnōe invītō	gegen den Willen des Minos
Thēseō vīvō	zu Lebzeiten des Theseus
Daedalō absente	in Abwesenheit des Daedalus

→ Test s. S. 42

TEST

Participium Coniunctum

1 Quia dei superbia Sisyphi regis violati erant, Iuppiter Mortem iussit Sisyphum in Tartarum ducere.

2 Ille autem Mortem adiit et in vincula coniecit.

3 Denique Mors a Marte[1] e vinculis erepta Sisyphum ad inferos deduxit.

4 Sisyphus autem flens[2]:

5 »Cupio«, inquit, »ad uxorem me desiderantem ascendere[3].«

6 Pluto[4] regi oranti reditum ad superos concessit.

7 Postea Sisyphus in Tartarum redire noluit, sed Mercurius[5] illum resistentem denuo[6] illuc reduxit.

8 Ibi Sisyphus poena gravi affectus vitam miseram egit:

9 Saxum iterum atque iterum devolutum[7] summum in montem volvere[8] debuit.

[1] *Mars, Martis m. Mars (Gott des Krieges)*

[2] *flere weinen*

[3] *ascendere hinauf (an die Oberwelt) steigen*

[4] *Pluto, -onis m. Pluto (Gott der Unterwelt)*

[5] *Mercurius, -i m. Merkur (Götterbote)*

[6] *denuo (Adv.) noch einmal, wieder*

[7] *devolvere trans. herabwälzen, intrans. herabrollen*

[8] *volvere wälzen*

I. Erkennen

a Schreibe alle Haupt- und Nebensatz-Prädikate heraus.

b Schreibe alle PCs mit ihrem jeweiligen Bezugswort heraus.

II. Bestimmen

a Bestimme die Zeitstufe der Hauptsatz-Prädikate (Gegenwart/Vergangenheit).

b Schreibe die Partizipien heraus und bestimme ihre Form sowie ihr Zeitverhältnis zu den Hauptsatz-Prädikaten.

III. Übersetzen

Tipp: Übersetze zunächst den gesamten Text mündlich und bearbeite dann die folgenden Arbeitsaufträge.

a Finde möglichst viele verschiedene Übersetzungsmöglichkeiten für die PCs im 6. und 8. Satz.

b Übersetze die PCs im 3. und 4. Satz in je zwei verschiedenen Sinnrichtungen und benenne die gewählten Sinnrichtungen.

IV. Verstehen

a zu III a: Welche Übersetzungsmöglichkeit hältst du für die beste?
Begründe deine Entscheidung.

b zu III b: Welche Sinnrichtung erscheint dir am besten passend? Begründe.

→ Lösungen s. S. 96–97

Ablativus absolutus

1 Tantalus, rex Lydiae, saepe conviviis deorum interfuerat, quod genus ab Iove duxit.

[1] nectar ambrosiaque
Göttertrank und
Götterspeise

2 Aliquando deis cenantibus nectar ambrosiamque[1] dolo rapuit et inter homines distribuit.

[2] arcanum, -i n. Geheimnis

3 Arcanis[2] deorum proditis Tantalus etiam sapientiam eorum probavit:

4 Filium suum interfecit et ex carne eius deis cenam paravit.

5 Dei autem Tantalo cum eis cenante fraudem animadverterunt et carne filii abstinuerunt.

6 Illius sceleris causa Tantalus in Tartaro poenas graves solvit:

7 Iove auctore siti fameque semper vexabatur. Nam fructus et aqua recedebant, cum eos capere cupiebat.

I. Erkennen

a Schreibe alle Wortblöcke heraus, die aus einem Nomen und einem Partizip im Ablativ bestehen.

b Schreibe den Wortblock mit dem nominalen Ablativus absolutus (Abl. abs. mit zwei Nomina) heraus.

II. Bestimmen

a zu I a: Bestimme jeweils die Art des Partizips, seinen Numerus, sein Genus und das Zeitverhältnis zu den Hauptsatz-Prädikaten.

b zu I b: Bestimme die Wortart des zweiten Bestandteils des nominalen Abl. abs., seinen Numerus und sein Genus.

III. Übersetzen

Tipp: Übersetze zunächst den gesamten Text mündlich und bearbeite dann die folgenden Arbeitsaufträge.

a Finde je drei verschiedene Übersetzungsmöglichkeiten für den Ablativus absolutus im 2. und 3. Satz.

b Übersetze den Ablativus absolutus im 5. Satz und den nominalen Abl. abs. in je zwei verschiedenen Sinnrichtungen und benenne die gewählten Sinnrichtungen.

IV. Verstehen

a zu III a: Welche Übersetzungsmöglichkeit hältst du sprachlich für die beste? Begründe deine Entscheidung.

b zu III b: Welche Sinnrichtung erscheint dir inhaltlich am ehesten angemessen? Begründe.

→ Lösungen s. S. 98

-nd-Konstruktionen

Zwei Nominalformen des Verbs (vgl. S. 29) enthalten das Bildungselement -nd-: das Gerundium und das Gerundivum.

Gerundium (substantivische -nd-Form)

Das Gerundium ist der deklinierte Infinitiv Präsens Aktiv. Es ist ein Verbalsubstantiv (vom Verbum abgeleitetes Substantiv) und kommt nur im Neutrum Singular vor:

Genitiv:	-ndī	(occāsiō)	videndī	des Sehens
Präposition beim Akkusativ:	-ndum	ad	videndum	zum Sehen
Ablativ:	-ndō[1]		videndō	durch das Sehen

[1] *Die Verwendung im Dativ, der die gleiche Form hat wie der Ablativ, ist äußerst selten.*

Im zweiten Punischen Krieg überquerte der karthagische Feldherr Hannibal mit seinen Truppen die Alpen und brachte die römischen Truppen durch seine Elefanten in größte Bedrängnis.

1. Hannibal nūllam occāsiōnem mīlitēs hortandī praetermīsit.

2. Cōnfirmāvit animōs eōrum hīs verbīs: »Alpēs superandō bellum in Italiam īnferēmus!

3. Fortiter pūgnandō cōpiās Rōmānās vincēmus!«

1. Hannibal ließ keine Gelegenheit vorübergehen, seine Soldaten anzufeuern.

2. Er stärkte ihren Mut mit folgenden Worten: »(Durch das Alpen-Überqueren ...)/Dadurch, dass wir die Alpen überqueren, werden wir den Krieg nach Italien hineintragen!

3. Dadurch, dass wir tapfer kämpfen, werden wir die römischen Truppen besiegen!«

Das Gerundium kann im Satz ohne Ergänzung auftreten oder ein Objekt (Satz 1: mīlītes; Satz 2: Alpēs) und/oder ein Adverbiale (Satz 3: fortiter) bei sich haben.

Die Wiedergabe im Deutschen erfolgt entweder ebenfalls durch den substantivierten Infinitiv oder eine dem Sinn entsprechende Umschreibung. Die vorhandenen Möglichkeiten zeigt die Übersicht auf S. 45.

Wiedergabe durch
– substantivierten
 Infinitiv
– sinngemäße
 Umschreibung

4. »By crossing the Alps, we will carry the war into Italy!« vgl. »Alpēs superandō bellum in Italiam īnferēmus!«	4. »Dadurch, dass wir die Alpen überqueren, werden wir den Krieg nach Italien hineintragen!«

Auch das englische gerund kann wie das lateinische Gerundium ein Objekt (hier: the Alps) oder ein Adverbiale bei sich haben.

Der englische Präpositionalausdruck »by crossing« steht anstelle des lateinischen Ablativs superandō.

→ Test s. S. 47

Gerundivum (adjektivische -nd-Form)

Das Gerundivum ist ein Verbaladjektiv (vom Verbum abgeleitetes Adjektiv); es hat passivischen Sinn und steht immer in KNG-Kongruenz zu einem Bezugswort. Es kommt in allen Genera sowie in allen Kasus im Singular und Plural vor und wird wie ein Adjektiv der a-/o-Deklination dekliniert (z. B. laudandus, -a, -um).

Das Gerundivum erscheint im Satz in attributiver und prädikativer Verwendung sowie als Prädikatsnomen.

attributiv

1. Ūnō annō duo cōnsūlēs sine memorandō proeliō ab Hannibalis mīlitibus interfectī sunt.	1. In einem einzigen Jahr wurden zwei Konsuln ohne eine erwähnenswerte Schlacht von Hannibals Soldaten getötet.

Wiedergabe durch Adjektive
mit den Endungen
-bar, -haft, -lich, -wert

Das attributiv verwendete Gerundivum bezeichnet ein Geschehen, das sich an einer Person oder Sache vollziehen kann bzw. soll (z. B. memorandus, -a, -um »erwähnenswert«, ferendus, -a, -um »erträglich«) oder vollzieht.

Das attributiv gebrauchte Gerundivum kommt in allen Kasus (im Dativ allerdings nur sehr selten) und in präpositionalen Wendungen vor.

In satzwertiger Form kann bei dieser Verwendung sowohl das Gerundivum als auch das Gerundium erscheinen. Die folgende Übersicht zeigt die Verwendungsarten und Übersetzungsmöglichkeiten von Gerundium und Gerundivum:

	Gerundium	Gerundivum	Übersetzungs-möglichkeiten
2. Hannibal cupidus erat	bellum adversus Rōmānōs gerendī	bellī adversus Rōmānōs gerendī.	2. Hannibal war begierig/darauf aus, gegen die Römer Krieg zu führen.
3. Hannibal parātus erat	...	ad Rōmānōs in terrā eōrum vincendōs.	3. Hannibal war entschlossen, die Römer in deren eigenem Land zu besiegen.
4. Hannibal populum Rōmānum terruit	agrōs vāstandō	agrīs vāstandīs.	4. Hannibal versetzte das römische Volk dadurch in Schrecken, dass er die Felder ver-wüstete.

prädikativ

5. Hannibal īnsidiās parandās cūrāvit.	5. Hannibal ließ Anschläge verüben.
6. Hannibal mīlitibus oppida dīripienda trādidit.	6. Hannibal überließ den Soldaten die Kleinstädte zur Plünderung.

Das prädikativ verwendete Gerundivum bezeichnet bei bestimmten Verben den Zweck einer Handlung. Solche Verben sind cūrāre »lassen«, mittere »schicken«, praebēre »überlassen«, trādere »übergeben« u. a.

als Prädikatsnomen

7. Rōmānīs multī impetūs Poenōrum in terrā suā arcendī erant.	7. Von den Römern mussten viele Angriffe der Punier in ihrem eigenen Land abgewehrt werden./ Die Römer mussten ... abwehren.
8. Dēnique bellum in Āfricā fīniendum erat.	8. Schließlich musste der Krieg in Afrika beendet werden.
9. Ibī dē imperiō dīmicandum erat.	9. Dort musste um die Vorherrschaft gekämpft werden.
10. Scīpiō imperātōrī nihil neglegendum (esse) putāvit.	10. Scipio glaubte, dass von einem Feldherrn nichts unbeachtet gelassen werden dürfe./ Scipio glaubte, dass ein Feldherr nichts unbeachtet lassen dürfe.

Wiedergabe durch
– »müssen«
– »nicht dürfen«
  (bei Verneinung)

11. Ferunt Catōnem omnem ōrātiōnem, quam in senātū habuit, hīs verbīs fīnīvisse: »Ceterum cēnseō Carthāginem esse dēlendam.«	11. Man berichtet, dass Cato jede Rede, die er im Senat hielt, mit folgenden Worten beendete: »Im übrigen bin ich der Meinung, dass Karthago zerstört werden muss.«

aktivische
Wiedergabe

Das Gerundivum als Prädikatsnomen neben einer Form von esse gibt an, dass etwas getan werden muss bzw. – wenn es verneint ist – nicht getan werden darf. Die Person, von der die Handlung ausgeführt werden muss, steht im dativus auctoris (s. S. 24). In diesem Fall kann die passivische Gerundivkonstruktion aktivisch wiedergegeben werden. Bei intransitiven Verben erscheint die Form des Gerundivums immer im Neutrum Singular (s. Satz 9).

→ Test s. S. 48

Supinum

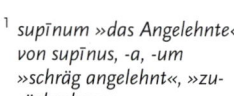

[1] supīnum »das Angelehnte« von supīnus, -a, -um »schräg angelehnt«, »zurückgebogen«

Das Supinum ist ein Verbalsubstantiv, das nur in zwei Formen auftritt und sich stets an ein anderes Wort im Satz »anlehnt«[1].
Zu unterscheiden sind das Supinum auf -um und das Supinum auf -ū.
Das Supinum auf -um lehnt sich als adverbiale Ergänzung an Verben der Bewegung an (z. B. mittere, īre, venīre). Es hat finale Bedeutung und kann ein Objekt (hier: pācem) bei sich haben.

Die Gallier verhandeln mit Caesar:	
1. Gallī lēgātōs ad Caesarem mīsērunt pācem petītum.	1. Die Gallier schickten Gesandte zu Caesar, um Frieden zu erbitten.

Im Deutschen gibt es eine solche Sprachform nicht. Das Supinum auf -um wird in der Regel mit einem Infinitivsatz, eingeleitet durch »um … zu«, wiedergegeben.
Das Supinum auf -ū gibt es nur von bestimmten Verben, z. B. audīre »hören«: audītū; vidēre »sehen«: vīsū; facere »tun«: factū; dīcere »sagen«: dictū; cognōscere »erkennen«: cognitū; memorāre »erwähnen«: memorātū. Es lehnt sich an ein Adjektiv an und bestimmt es näher.

Wiedergabe durch
»um … zu« + Infinitiv

2. Gallī ad precēs efferendās in castra Rōmānōrum vēnērunt. Id iīs optimum factū videbātur.	2. Die Gallier kamen, um ihre Bitten vorzutragen, ins Lager der Römer. Dies zu tun, schien ihnen das Beste zu sein./Dies schien ihnen das beste Vorgehen zu sein.

Wiedergabe durch
»zu« + Infinitiv

Auch diese Sprachform hat keine deutsche Entsprechung. Das Supinum auf -ū wird in der Regel durch den Infinitiv mit »zu« wiedergegeben.

TEST

Gerundium

Im Kampf gegen die Belger, die erbitterten Widerstand leisten, ist Caesars persönlicher Einsatz besonders gefordert.

1 Caesar instructo exercitu cohortandi[1] causa milites allocutus est[2].

2 Oratione brevi ardorem[3] pugnandi omnibus iniecit.

3 Tum Caesar proelium committendi signum dedit.

4 Animus autem hostium tam paratus ad pugnandum fuit, ut tempus ad arma induenda[4] defuerit.

5 Diu proelium anceps[5] erat.

6 Postremo Caesar ipse suis laborantibus in primam aciem processit, ut militibus maximam virtutem praestando spem salutis restitueret.

7 Denique milites Romani acriter dimicando[6] plerosque hostium interfecerunt.

8 Ii, qui supererant, Caesari se dediderunt.

(nach Caesar BG II 21-28 passim)

[1] *cohortari anfeuern, motivieren*
[2] *alloqui, alloquor, allocutus sum ansprechen*
[3] *ardor, -oris m. Leidenschaft*
[4] *induere anlegen*
[5] *anceps unentschieden, ungewiss*
[6] *dimicare kämpfen*

I. Erkennen
a Schreibe alle Wortblöcke heraus, in denen ein Gerundium enthalten ist.
b Schreibe den Wortblock mit der -nd-Form heraus, die kein Gerundium ist.

II. Bestimmen
a zu I a: Bestimme jeweils den Kasus des Gerundiums.
b zu I a: Einige Gerundien haben eine Ergänzung bzw. Erweiterung bei sich. Unterstreiche in den Wortblöcken die Ergänzungen bzw. Erweiterungen und bestimme deren Satzgliedfunktion.

III. Übersetzen
Tipp: Übersetze zunächst den gesamten Text mündlich und bearbeite dann die folgenden Arbeitsaufträge.

a Übersetze die Sätze 1, 3 und 4 in möglichst gutes Deutsch. Welche Übersetzungsmöglichkeit hast du für das Gerundium jeweils gewählt?
b Finde je zwei verschiedene Übersetzungsmöglichkeiten für die Sätze 6 und 7. Welche Art der Wiedergabe hast du jeweils gewählt?

IV. Verstehen
a Erkläre, warum das Gerundium als Verbalsubstantiv bezeichnet wird. Welche Eigenschaften eines Verbums und welche Eigenschaften eines Substantivs besitzt das Gerundium?
b In welchen Kasus wird anstelle des deklinierten Gerundiums der Infinitiv Präsens verwendet?

→ Lösungen s. S. 99

Gerundivum

Von Gallien aus unternimmt Caesar im Jahre 55 v. Chr. eine Expedition nach Britannien, die sich als schwieriger erweist als erwartet.

1 Caesar, quod celeriter in Britanniam proficisci in animo habuit, ad loca cognoscenda C. Volusenum praemisit.

2 Interea imperator ipse navium parandarum causa in Gallia moratus est.

3 Naves circiter octoginta contrahendas curavit.

4 Tum media nocte milites naves solvere et in Britanniam navigare iubet.

5 Barbari autem consilio Romanorum cognito milites telis missis de navibus descendere prohibent.

6 Itaque militibus Romanis simul et de navibus desiliendum[1] et in fluctibus consistendum et cum hostibus pugnandum est.

7 Denique Romani impetum vehementissimum faciendo hostes fugaverunt.

8 Complures autem naves ad navigandum inutiles erant.

9 Quas naves non relinquendas, sed reficiendas esse Caesar censuit.

[1] *desilire herabspringen*

(nach Caesar BG IV 21-31)

I. Erkennen

a Schreibe alle Wortblöcke heraus, in denen ein Gerundivum enthalten ist.

b Schreibe die Wortblöcke mit -nd-Formen heraus, die kein Gerundivum sind.

II. Bestimmen

a zu I a: Bestimme Kasus, Numerus und Genus der Gerundiva.

b zu I a: Bestimme die Satzgliedfunktion aller Gerundiva.

III. Übersetzen

Tipp: Übersetze zunächst den gesamten Text mündlich und bearbeite dann die folgenden Arbeitsaufträge.

a Übersetze die Sätze 1 und 3 in möglichst gutes Deutsch.

b Übersetze Satz 6 und 9 jeweils auf zwei verschiedene Arten. In welchem Kasus stehen in Satz 6 die handelnden Personen?

IV. Verstehen

a Erkläre, warum das Gerundivum als Verbaladjektiv bezeichnet wird.

b Was drückt das Gerundivum in Verbindung mit dem Hilfsverb esse aus? Wie ändert sich die Bedeutung, wenn es verneint ist?

→ Lösungen s. S. 100

Der zusammengesetzte Satz

Mitteilungsfunktion von Haupt- und Nebensätzen

Wir unterscheiden Haupt- und Nebensätze. Durch Konnektoren[1] (Konjunktionen oder Adverbien) verbundene oder ohne Satzverknüpfung nebeneinandergestellte Hauptsätze bilden eine Satzreihe, Haupt- und Nebensätze ein Satzgefüge.

[1] *von co(n)nectere »verknüpfen, verbinden«*

Hauptsätze

sind unabhängige Sätze. Je nach Absicht des Sprechers oder Schreibers steht als Modus der Indikativ, Konjunktiv oder Imperativ.

Lateinische Sprichwörter und Redewendungen zeigen das am besten.

Behauptungssätze (Behauptungen, Urteile, Ansichten, Aussagen) – Indikativ

1. Fortēs fortūna adiuvat.	1. Den Mutigen hilft das Glück.
2. Vēnī, vīdī, vīcī.	2. Ich kam, sah und siegte.
3. Cōgitō, ergō sum.	3. Ich denke, also bin ich.
4. Omnia vincit amor.	4. Alles besiegt die Liebe.
5. Errāre hūmānum est.	5. Irren ist menschlich.

Wunsch- und Aufforderungssätze (Begehren, Befehl) – Imperativ oder Konjunktiv

6. Ōrā et labōrā!	6. Bete und arbeite!
7. Salvēte!	7. Seid gegrüßt!
8. Audiātur et altera pars!	8. Es soll auch die andere Seite gehört werden!

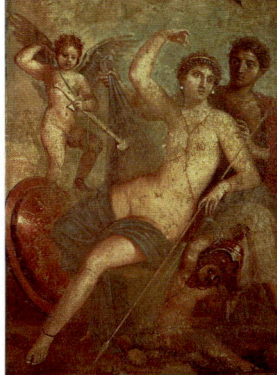

Fragesätze – Indikativ oder Konjunktiv

9. Quō vādis?	(Wortfrage)	9. Wohin gehst du?
10. Potesne nōbīs rem dīcere?	(Satzfrage)	10. Kannst du uns die Sache vortragen?
11. Quid faciāmus?	(Wortfrage)	11. Was sollen wir tun?
12. Utrum abeāmus an maneāmus?	(Doppelfrage)	12. Sollen wir fortgehen oder bleiben?
13. Num homō hominī lupus est?	(Satzfrage)	13. Verhält sich der Mensch gegenüber seinem Mitmenschen etwa wie ein Wolf?
14. Nōnne exempla docent?	(Satzfrage)	14. Sind Beispiele etwa nicht lehrreich?

Bei Satzfragen steht meist die Fragepartikel -ne, die an das erste Wort ange-hängt ist und nicht übersetzt wird. Nōnne leitet Satzfragen ein, bei denen man als Antwort »ja, doch« erwartet, num Fragen, bei denen man als Ant-wort »nein« erwartet (Suggestivfragen). Bei Doppelfragen steht utrum – an (verneint annōn) oder -ne – an (verneint annōn) oder nur an. Der erste Be-standteil wird in solchen Fragen nicht übersetzt, der zweite mit »oder (ver-neint: oder nicht)« wiedergegeben.

Nebensätze

stehen nie allein! Sie sind dem Hauptsatz untergeordnet, sind von ihm ab-hängig, können aber auch einem anderen Nebensatz untergeordnet sein. Sie ergänzen den Hauptsatz als Subjekt- und Objektsätze oder erweitern ihn als Attribut- und Adverbialsätze.
Nebensätze erkennt man an Subjunktionen (unterordnenden Konjunktio-nen), Relativ- und Fragepronomina sowie Frageadverbien (z. B. cūr »warum«) und Relativadverbien (z. B. quō »wohin«).

1. Bis dat,
     quī citō dat.
	(Relativsatz)	1. Doppelt gibt,
		     wer schnell gibt.	

2. Pīlātus rogāvit,
     quid esset vēritās.
	(Indirekter Fragesatz)	2. Pilatus fragte,
		     was Wahrheit sei.	

3. Quī tacent, cōnsentīre videntur.	(Relativsatz)	3. Die schweigen, scheinen zuzustimmen.	

4. Dō,
     ut dēs.
	(Finalsatz)	4. Ich gebe,
		     damit du gibst.	

5. Dum spīrō, spērō.	(Temporalsatz)	5. Solange ich atme, hoffe ich.	

DVM SPIRO, SPERO.

Unterscheidung von Haupt- und Nebensätzen
Caesar, BG II 1, 1

6. Cum esset Caesar in citeriōre Galliā, crēbrī ad eum rūmōrēs adferēbantur.	6. Als Caesar im diesseitigen Gallien war, gelangten zahlreiche Gerüchte zu ihm.

Caesar, BG I 34, 1

7. Quam ob rem Caesarī placuit, ut ad Ariovistum lēgātōs mitteret, quī ab eō postulārent, ut aliquem locum medium utrīusque colloquiō dēligeret.	7. Deshalb beschloss Caesar, Gesandte zu Ariovist zu schicken, die von ihm fordern sollten, er solle irgendeinen Ort in der Mitte zwischen ihnen beiden für eine Unterredung aussuchen.

Nach Ausschluss sämtlicher Nebensätze hebt sich der Hauptsatz klar von seinen Nebensätzen ab.

Zeiten und Zeitverhältnisse

Wer sich sprachlich äußert, macht deutlich, ob sich ein Vorgang auf der Zeitstufe Vergangenheit, Gegenwart oder Zukunft abspielt. Außerdem muss bei untergeordneten Handlungen erkennbar sein, in welchem Zeitverhältnis sie zur Haupthandlung stehen, ob sie also vorzeitig, gleichzeitig oder nachzeitig sind.

in indikativischen Nebensätzen

Bei Gleichzeitigkeit steht im Haupt- und Nebensatz in der Regel dasselbe Tempus.

Die folgenden Beispielsätze aus dem Bereich „Recht" machen deutlich, dass manche Grundsätze des römischen Rechts noch heute gelten; und vor Gericht ereignet sich Ähnliches wie damals.

1. Quamdiū potest, reus tacet.	1. Solange er kann, schweigt der Angeklagte.
poterat, tacēbat.	er konnte, schwieg er.
potuit, tacuit.	er konnte/gekonnt hat, schwieg er/ hat er geschwiegen.
poterit, tacēbit.	er können wird, wird er schweigen.

Sonst gilt überwiegend folgende Regelung (zu Abweichungen siehe subjunktionale Nebensätze und die sie einleitenden Subjunktionen S. 53, 55, 57–58, 63):

Zeitstufe des übergeordneten Satzes	Zeitverhältnis des Nebensatzes	
	vorzeitig	gleichzeitig
Gegenwart		
2. Reus laudātur, cum vērum	dīxit	dīcit.
2. Der Angeklagte wird gelobt, immer wenn er die Wahrheit	gesagt hat	sagt.
Vergangenheit		
3. Reus laudābātur/laudātus est, cum vērum	dīxerat	dīcēbat.
3. Der Angeklagte wurde gelobt, immer wenn er die Wahrheit	gesagt hatte	sagte.
Zukunft		
4. Reus laudābitur, cum vērum	dixerit	dīcet.
4. Der Angeklagte wird gelobt werden, immer wenn er die Wahrheit	gesagt hat/ (gesagt haben wird)	sagen wird.

in konjunktivischen Nebensätzen (consecutio temporum)

Über das Zeitverhältnis bei Infinitiven und Partizipien s. AcI (S. 31) und PC (S. 37).

Zeitstufe des übergeordneten Satzes	Zeitverhältnis des Nebensatzes		
	vorzeitig	gleichzeitig	nachzeitig
Gegenwart			
1. Nēmō scit, quid reus	ēgerit	agat	āctūrus sit.
1. Niemand weiß, was der Angeklagte	getan hat	tut	tun wird/will.
Vergangenheit			
2. Nēmō sciēbat/ scīvit, quid reus	ēgisset	ageret	āctūrus esset.
2. Niemand wusste, was der Angeklagte	getan hatte	tat	tun wollte.
Zukunft			
3. Nēmō sciet, quid reus	ēgerit	agat	āctūrus sit.
3. Niemand wird wissen, was der Angeklagte	getan hat/ (getan haben wird)	tut	tun wird/will.

Subjunktionale Nebensätze und die sie einleitenden Subjunktionen

Die meisten subjunktionalen Nebensätze nehmen die Stelle eines Adverbiales ein; einige von ihnen treten aber auch als Objekt- bzw. Subjektsätze auf. Die einleitenden Subjunktionen weisen auf die Sinnrichtungen hin, die die Nebensätze ausdrücken; die wichtigsten Subjunktionen sind:

cum

mit Indikativ

zur Einleitung von Temporalsätzen (s. auch S.71)

– cum temporale (»wenn«, »als«) und cum relativum (tum ... cum »damals ... als«) bezeichnen einen genau festgelegten Zeitpunkt.

cum
»wenn«, »als«

> *Cicero erzählt vor Gericht etwa folgendermaßen von einer Begegnung des römischen Statthalters Verres in Sizilien mit dem syrischen König Antiochus.*
>
> 1. Cum facta Verris ēnumerāverō, eius avāritiam nōn iam īgnōrābitis.
>
> 1. Wenn ich die Taten des Verres aufgezählt habe, ist euch seine Habsucht nicht mehr unbekannt.

– cum prīmum (»sobald«)[1] bezeichnet die Aufeinanderfolge von Vorgängen.

cum prīmum
»sobald«

> 2. Cum prīmum rēx Syriae Syrācūsās vēnit, Verrēs eī multa mūnera mīsit.
>
> 2. Sobald der König von Syrien nach Syrakus gekommen war, schickte Verres ihm viele Geschenke.

[1] *In der Regel mit Indikativ Perfekt zur Bezeichnung einer einmaligen, abgeschlossenen Handlung der Vergangenheit; im Deutschen wird ein Vorzeitigkeitstempus gewählt; dies gilt auch für ubi prīmum.*

– cum iterativum (»jedesmal, wenn«; »sooft«) bezeichnet die Wiederholung von Vorgängen.

cum
»jedesmal, wenn«
»sooft«

> 3. Verrēs, cum hospitem ad cēnam vocābat, triclīnium māgnificē exōrnābat.
>
> 3. Sooft Verres einen Gast zum Essen einlud, schmückte er das Speisezimmer prächtig aus.

– cum inversivum/inversum (»als plötzlich«; »als«) bezeichnet das unerwartete Eintreten eines Ereignisses.

cum
»als plötzlich«
»als«

> 4. Vix rēx Syriae Syrācūsās vēnerat, cum Verrēs nūntium mīsit, quī eum ad cēnam vocāret.
>
> 4. Kaum war der König von Syrien nach Syrakus gekommen, als Verres einen Boten schickte, der ihn zum Essen einladen sollte.

zur Einleitung eines Modalsatzes (s. auch S. 71)

cum
»indem«,
»wenn«,
»dadurch, dass«

– cum coincidens/explicativum/identicum/modale (»indem«; »wenn«; »da-durch, dass«) bezeichnet das zeitliche und inhaltliche Zusammenfallen von zwei Vorgängen.

5. Verrēs dīvitiās sibi comparābat, cum accipiēbat, quod accipere nōn licēbat.	5. Verres bereicherte sich, indem er an sich nahm, was zu nehmen nicht erlaubt war.

mit Konjunktiv

zur Einleitung eines Temporalsatzes (s. auch S. 71)

cum
»als«,
»nachdem«

– cum historicum/narrativum (»als«; »nachdem«) bezeichnet den Ablauf eines Vorgangs.

6. Verrēs, cum apud rēgem Syriae cēnāret, māgnificum candēlābrum vīdit.	6. Als Verres bei dem König von Syrien speiste, sah er einen prächtigen Leuchter.

zur Einleitung eines Konzessivsatzes (s. auch S. 71)

cum
»obgleich«,
»obwohl«

– cum concessivum (»obwohl«) drückt das Zugestehen eines Sachverhaltes aus, der der Handlung des Hauptsatzes widerspricht/im Gegensatz zu ihr steht.

7. Cum rēx hoc candēlābrum sēcum in Syriam reportāre statuisset, Verrēs candēlābrum petēbat.	7. Obwohl der König beschlossen hatte, diesen Leuchter nach Syrien zurück-zubringen, versuchte Verres immer wieder den Leuchter zu bekommen.

zur Einleitung eines Kausalsatzes (s. auch S. 70)

cum
»da«,
»weil«

– cum causale (»da«; »weil«) bezeichnet den (logisch zu erschließenden) Grund für einen Vorgang.

8. Rēx, cum Verrem īgnōrāret, candēlābrum eī sine ullā suspiciōne dedit.	8. Weil der König Verres nicht kannte, gab er ihm ohne jeden Verdacht den Leuchter.

zur Einleitung eines Adversativsatzes (s. auch S. 70)

– cum adversativum (»während«) bezeichnet den Gegensatz zu einem Vorgang[1].

cum
»während«

9. Rēx Syriae candēlābrum repetēbat, cum Verrēs hanc rem pretiōsissimam sibi vindicāret.	9. Der König von Syrien forderte den Leuchter zurück, während Verres diese außergewöhnliche Kostbarkeit für sich beanspruchte.

[1] Beachte außerdem die folgenden Erscheinungs-formen von cum:
– cum … tum (»sowohl … als auch ganz besonders«)

Verrem punīrī cum cēterās gentēs tum ipsōs Siculōs iuvābit.

Dass man Verres bestraft, wird sowohl die anderen Völker als auch ganz besonders die Sizilier selbst freuen.

– cum als Präposition mit dem Ablativ (»mit«)

Verrēs cum dēfēnsōre comitium intrāvit.

Verres betrat zusammen mit seinem Verteidiger den Versammlungsplatz.

dum

mit Indikativ

zur Einleitung von Temporalsätzen
(s. auch S. 71)

– dum »während« bezeichnet das zeitliche Zusammenfallen von zwei Vorgängen. Ohne Rücksicht auf das Tempus im übergeordneten Satz steht das Prädikat des Nebensatzes stets im Indikativ Präsens.

dum
»während«

Von Kaiser Caligula sagt man, er sei dem sogenannten Caesarenwahn verfallen gewesen. Zu seinen zahlreichen »verrückten« Unternehmungen gehört auch die folgende: Caligula ließ sein Heer an der Nordseeküste aufmarschieren, um die Soldaten gegen den Ozean kämpfen zu lassen.

1. Caligula legiōnāriōs, dum certant, spectābat.	1. Caligula schaute den Legionären zu, während sie kämpften.

– dum »solange« bezeichnet das zeitliche Zusammenfallen von zwei Vorgängen mit zusätzlicher Betonung der Dauer.[2]

dum
»solange«

2. Dum Ōceanus sōlus hostis erat, tāle proelium mīlitēs valdē dēlectābat.	2. Solange der Ozean der einzige Feind war, machte ein solcher Kampf den Soldaten großen Spaß.

[2] Für dōnec, quoad und quamdiū (»so lange als«) gelten die gleichen Gesetzmäßigkeiten.

<table>
<tr><td>

dum
»so lange bis«

</td><td>

– dum »so lange bis« bezeichnet die Aufeinanderfolge von Vorgängen und die Beendigung des ersten Vorganges durch den darauffolgenden.

</td></tr>
</table>

3. Mīlitēs flūctūs Ōceanī armīs pulsāvērunt, dum Caligula sē illum hostem vīcisse putāvit.	3. Die Soldaten schlugen so lange mit ihren Waffen auf die Fluten des Ozeans ein, bis Caligula glaubte, jenen Feind besiegt zu haben.

mit Konjunktiv

zur Einleitung eines Temporalsatzes (s. auch S. 71)

– dum »(so lange) bis« bezeichnet die Aufeinanderfolge von Vorgängen und zusätzlich einen finalen Nebensinn (vor allem nach Verben des Wartens).

4. Posteā Caligula in lītore exspectāvit, dum mīlitēs indicium victōriae altissimam turrim exstrūerent.	4. Nachher wartete Caligula so lange am Strand, bis die Soldaten als Siegeszeichen einen riesigen Turm errichteten (damit ... inzwischen ... errichteten).

dum
»(so lange) bis«

zur Einleitung eines Konditionalsatzes

dum
»wenn nur«
»sofern nur«

– dum »wenn nur; sofern nur« bezeichnet eine Bedingung für das Eintreten eines Vorganges und drückt außerdem einen finalen Nebensinn aus.

5. Nōtum est illud dictum imperātōris Caligulae: Ōderint, dum metuant!	5. Bekannt ist jener Ausspruch des Kaisers Caligula: Mögen sie mich hassen, wenn sie mich nur fürchten!

etsī/etiamsī

etsī/etiamsī
»obwohl«
»wenngleich«
»auch wenn«

mit Indikativ oder Konjunktiv[1] »obwohl, wenngleich, auch wenn« zur Einleitung eines Konzessivsatzes gibt an, dass etwas der Handlung des Hauptsatzes widerspricht/im Gegensatz zu ihr steht (s. auch S. 71).

[1] *Etiamsī kann mit dem Indikativ oder Konjunktiv verbunden sein, bei etsī steht meistens der Indikativ, bei tametsī immer.*

Etsī mīlitēs rem inūtilem esse putābant, tamen turris aedificāta est.	Obwohl die Soldaten die Sache für sinnlos hielten, wurde der Turm gebaut.

nē

mit Konjunktiv »damit nicht«

zur Einleitung eines verneinten Finalsatzes bezeichnet die Absicht oder den Zweck, die sich nicht erfüllen sollen (s. auch S. 70).

nē
»damit nicht«

1. Mīlitēs Caligulae in lītore altissimam turrim exstruxērunt, nē victōria ex Ōceanō parta in oblīviōnem venīret.	1. Die Soldaten Caligulas errichteten den riesigen Turm am Strand, damit ihr Sieg, den sie über den Ozean errungen hatten, nicht in Vergessenheit gerate.

mit Konjunktiv »dass nicht«

zur Einleitung eines Wunschsatzes/Begehrsatzes, der mit der Sinnrichtung, dass etwas nicht geschehen soll, den Inhalt bzw. die Richtung des Wunsches ausspricht (s. auch S. 72).

2. Caligula postulāvit, nē mīlitēs quiētī sē darent, priusquam turris exstrūcta esset.	2. Caligula forderte, dass die Soldaten sich keine Ruhe gönnten, bevor der Turm errichtet sei.

nē
»dass nicht«

mit Konjunktiv »dass«

zur Einleitung eines Wunschsatzes nach Verben und Ausdrücken des Fürchtens, der mit der Sinnrichtung, dass das Befürchtete nicht eintreten möge[1], den Inhalt bzw. die Richtung des Fürchtens ausspricht[2] (s. auch S. 72).

nē
»dass«

[1] Im Deutschen wird diese Sichtweise nicht nachvollzogen; dort wird an das Verb bzw. den Ausdruck des Fürchtens ohne Andeutung einer Verneinung ein einfacher, mit »dass« eingeleiteter Aussagesatz angeschlossen.

3. Imperātor timēbat, nē mīlitēs āmentiam suam perspicerent.	3. Der Kaiser fürchtete, dass die Soldaten seine Verrücktheit durchschauten.

[2] Außerdem steht nē in der Bedeutung »dass« nach Verben des Hinderns wie impedīre, prohibēre etc. (s. auch S. 64, Anm. 1).

postquam

mit Indikativ »nachdem« zur Einleitung eines Temporalsatzes bezeichnet ein Geschehen, das sich vor einem anderen schon ereignet hat (in der Regel mit Indikativ Perfekt; im Deutschen steht immer ein Tempus der Vorzeitigkeit) (s. auch S. 71).

postquam
»nachdem«

> *Das Kolosseum wird unter Kaiser Titus 80 n. Chr. eröffnet.*
>
> | | |
> |---|---|
> | Postquam fabrī amphitheātrum aedificāvērunt, tempus fuit prīmōs lūdōs committere. | Nachdem die Handwerker das Amphitheater erbaut hatten, war es Zeit, die ersten »Spiele« zu veranstalten. |

priusquam

priusquam
»bevor«

[1] *Außer priusquam gibt es auch prius ... quam. Für antequam »ehe, bevor« gelten die gleichen Gesetzmäßigkeiten.*

mit Indikativ »bevor« zur Einleitung eines Temporalsatzes bezeichnet ein Geschehen, das sich nach einem anderen ereignen wird[1] (s. auch S. 71).

1. Gladiātōrēs imperātōrem salūtāvērunt, priusquam inter sē certāvērunt.	1. Die Gladiatoren grüßten den Kaiser, bevor sie miteinander kämpften.

mit Konjunktiv »bevor, ehe« zur Einleitung eines Temporalsatzes bezeichnet ein Geschehen, das sich nach einem anderen ereignen wird, und drückt zusätzlich einen finalen Nebensinn aus (s. auch S. 71).

2. Alter gladiātor quam celerrimē gladiō temptāvit, priusquam alter impetum animadverteret.	2. Der eine Gladiator griff so schnell wie möglich mit dem Schwert an, bevor der andere den Angriff bemerkte (damit der andere ... nicht vorher bemerke).

quamquam

quamquam
»obwohl«

mit Indikativ »obwohl« zur Einleitung eines Konzessivsatzes gibt an, dass etwas der Handlung des Hauptsatzes widerspricht/im Gegensatz zu ihr steht (s. auch S. 71).

> *Die Göttin Latona kam völlig erschöpft mit ihren beiden Kindern Apollo und Artemis an einen See und wollte daraus trinken. Die einheimischen Bauern hinderten sie aber daran.*
>
> | | |
> |---|---|
> | 1. Quamquam Lātōna aquam ōrābat, tamen agricolae deam ab aquīs prohibuērunt. | 1. Obwohl Latona um Wasser bat, hielten die Bauern die Göttin vom Wasser fern. |

quamvīs

mit Konjunktiv »wie sehr auch; obwohl« zur Einleitung eines Konzessivsatzes gibt etwas an, das der Handlung des Hauptsatzes widerspricht/im Gegensatz zu ihr steht (s. auch S.71).

Daraufhin wurden die Bauern von der Göttin in Frösche verwandelt.

2. Sed quamvīs sint sub aquā, sub aquā maledīcere temptant.

2. Aber obwohl sie jetzt unter Wasser sind, versuchen sie auch unter Wasser zu schimpfen.

quamvis
»wie sehr auch«
»obwohl«

quasi

mit Konjunktiv »wie wenn, als ob«[1] zur Einleitung eines Komparativsatzes. Der zum Vergleich herangezogene Sachverhalt (hier: quasi … diū rānae essent) wird als unrealistische Vorstellung charakterisiert (s. auch S.65 und 70).

3. Ibī agricolae coaxābant, quasi iam diū rānae essent.

3. Dort quakten die Bauern, als ob sie schon lange Frösche (gewesen) wären.

quasi
»wie wenn«
»als ob«

[1] *ebenso tamquam (sī), velut sī »als ob, wie wenn« (s. auch Komparativsätze S. 64–65)*

quia/quoniam

mit Indikativ »weil, da ja« zur Einleitung eines Kausalsatzes bezeichnen den (als wirklich erkennbaren) Grund für ein Geschehen[2] (s. auch S.70).

4. Quia/Quoniam agricolae deam aquīs prohibuerant, gravī poenā affectī sunt.

4. Weil die Bauern die Göttin vom Wasser ferngehalten hatten, wurden sie schwer bestraft.

quia/quoniam
»weil, da ja«

[2] *Bei subjektiver Meinung oder Vorstellung erscheint gelegentlich auch der Konjunktiv, der die Aussage als abhängig von dieser Meinung kennzeichnet (innerliche Abhängigkeit).*

quīn

mit Konjunktiv[3] »dass« oder Infinitiv mit »zu« zur Einleitung eines Objekt- bzw. Subjektsatzes steht nach verneinten Verben und Ausdrücken des Zweifelns, Zögerns und Hinderns (s. auch S.72).

5. Dubium nōn erat, quīn dea agricolās pūnīret.

5. Es bestand kein Zweifel, dass die Göttin die Bauern bestrafte.

6. Dea retinērī nōn poterat, quīn agricolās in rānās mūtāret.

6. Die Göttin konnte nicht gehindert werden, die Bauern in Frösche zu verwandeln.

quīn
– »dass«
– Infinitiv mit »zu«

[3] *Die quīn-Sätze waren ursprünglich indirekte Fragesätze, daher der Konjunktiv.*

quīn
– »dass nicht«

mit Konjunktiv »dass nicht« zur Einleitung eines konsekutiven Relativsatzes (s. auch S. 71)

7. Nēmō tam stultus erat, quīn poenam probāret.	7. Niemand war so dumm, dass er die Strafe nicht anerkannt hätte.
8. Quis fuit, quīn facta deae laudāret?	8. Wo gab es jemanden, der die Handlungen der Göttin nicht befürwortet hätte?

quod

mit Indikativ

zur Einleitung eines Kausalsatzes (s. auch S. 70)

quod
»weil«

– quod »weil« bezeichnet den (tatsächlich vorliegenden) Grund für ein Geschehen.[1]

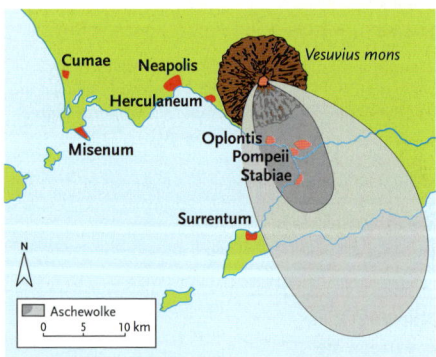

So könnte der Brief eines Mädchens namens Aurelia aus Misenum gelautet haben, das kurz nach dem Vesuvausbruch 79 n. Chr. ein Lebenszeichen von ihrem Freund Proculus erhalten hatte:

1. Aurēlia Proculō suō salūtem. Hīc manēmus, quod hīc vīta tūta est.	1. Aurelia grüßt ihren Prokulus. Wir bleiben hier, weil das Leben hier sicher ist.

[1] *Bei subjektiver Meinung oder Vorstellung erscheint gelegentlich auch der Konjunktiv (innerliche Abhängigkeit, vgl. S. 59, Anm. 2).*

zur Einleitung eines Satzes, der etwas tatsächlich Geschehenes bzw. Vorhandenes mitteilt (faktisches quod) (s. auch S. 72)

– quod »dass« bei Verben des Tuns, die durch ein hinzugefügtes wertendes Adverb ein Urteil aussprechen

quod
»dass«

2. Bene fēcistī, quod cum mātre atque sorōribus oppidum relīquistī.	2. Du hast gut daran getan, dass du mit deiner Mutter und deinen Schwestern die Stadt verlassen hast.

– quod »dass« bei Verben, die Gefühle ausdrücken

3. Māgnam grātiam deīs habeō, quod vōs servāvērunt.	3. Ich bin den Göttern sehr dankbar, dass sie euch gerettet haben.

zur Einleitung eines Konzessivsatzes[1]

– quod »was das betrifft, dass; wenn auch« (vorangestelltes faktisches quod) gesteht etwas zu, das tatsächlich geschehen oder vorhanden ist.

4. Quod omnia vestra āmīsistis, tamen vītam servāvistis.	4. Wenn ihr auch all eure Habe verloren habt, so habt ihr doch euer Leben gerettet.

[1] Beachte bei quod zusätzlich: quod als relativischer Anschluss (s. auch S. 69).

quod
»dass«

mit Indikativ oder Konjunktiv

zur Einleitung eines Aussagesatzes, der tatsächlich bzw. möglicherweise Vorhandenes ausspricht (s. auch S. 72)

– quod »dass« bei unpersönlichen Ausdrücken des Vorhandenseins/Geschehens.

5. Nōn est, quod dēspērētis. Vivitis! Accēdit, quod vōs omnēs apud nōs habitāre potestis.	5. Es besteht kein Grund, dass ihr verzweifelt. Ihr lebt! Hinzu kommt, dass ihr alle bei uns wohnen könnt.

sī

»wenn« zur Einleitung von Konditionalsätzen (Bedingungssätzen). Konditionale Satzgefüge bestehen aus einem Bedingungssatz (einem Nebensatz, eingeleitet durch sī, verneint nisī oder sī nōn »wenn nicht«) und einem folgernden Hauptsatz (s. auch S. 70).
Das Lateinische kennt drei Arten von Satzgefügen, die Bedingungen ausdrücken:
– den wirklichen Fall (Realis),
– den möglichen Fall (Potentialis),
– den nicht wirklichen Fall (Irrealis).

sī
»wenn«

wirklicher Fall/Realis – Indikativ

Ein reicher Freigelassener besucht mit seiner Frau und einer befreundeten Familie eine kampanische Kleinstadt. Die Frau des Freigelassenen sagt:

1. Sī thermae apertae erunt, cum amīcā ad thermās ībō.	1. Wenn die Thermen geöffnet sind/sein werden, dann gehe ich mit meiner Freundin zu den Thermen/werde ich ... gehen.
2. Posteā cum amīcā per forum ambulābō, nisī dēfessa erit.	2. Nachher werde ich mit meiner Freundin auf dem Forum spazieren gehen/ gehe ich ..., wenn sie nicht müde ist/ sein wird.

Wiedergabe durch
– Konjunktiv
– adverbiale
  Ausdrücke +
  indikativische
  Verbformen

möglicher Fall/Potentialis – Konjunktiv Präsens oder Perfekt

Nach einer kurzen Überlegung sagt die Frau des Freigelassenen:

3. Sī in balneīs virīlibus lavārī possim, velim.	3. Wenn/Falls ich in den Männerbädern baden könnte, will ich es vielleicht.

Der mögliche Fall wird im Deutschen am besten ebenfalls durch den Konjunktiv oder durch adverbiale Ausdrücke wie »vielleicht« plus indikativische Verbformen ausgedrückt.

Wiedergabe durch
Konjunktiv II/
Konjunktiv Präteritum

nicht wirklicher Fall/Irrealis der Gegenwart – Konjunktiv Imperfekt

4. Sī omnēs virī balneīs exigerentur, ibī libenter lavārer.	4. Wenn/Falls alle Männer aus der Badeanstalt ausgeschlossen würden, würde ich dort gern baden.

Im Deutschen steht der Konjunktiv II.

Wiedergabe durch
zusammengesetzten
Konjunktiv II/Konjunktiv
Plusquamperfekt

nicht wirklicher Fall/Irrealis der Vergangenheit – Konjunktiv Plusquamperfekt

Nach dem Besuch der Badeanstalt beschwert sich die Frau des Freigelassenen, obwohl ihrer Freundin die Thermen sehr gefallen haben:

5. Sī balneae lautae fuissent, contenta fuissem.	5. Wenn/Falls die Bäder sauber gewesen wären, wäre ich zufrieden gewesen.

Im Deutschen steht der zusammengesetzte Konjunktiv II.

ut

mit Indikativ

zur Einleitung eines Komparativsatzes (s. auch S. 64 und 70)

– ut »wie« nennt einen Vergleichspunkt als wahrnehmbare Tatsache.

ut
»wie«

Die Eroberung Trojas verdankten die Griechen einer List des Odysseus: dem hölzernen Pferd.

1. Graecī decem annōs, ut apud poētās Graecōs et Rōmānōs legimus, Troiam oppūgnāvērunt.	1. Zehn Jahre lang belagerten die Griechen Troja, wie wir bei griechischen und römischen Dichtern lesen.
2. Graecī equum ligneum ita aedificāvērunt, ut Ulixēs suāsit.	2. Die Griechen bauten das hölzerne Pferd so, wie Odysseus es ihnen riet.

zur Einleitung eines Temporalsatzes (s. auch S. 71)

– ut (prīmum) »sobald (als)« bezeichnet die Aufeinanderfolge von Vorgängen.[1]

ut (prīmum)
»sobald (als)«

3. Graecī, ut (prīmum) equum ante portās Troiae collocāvērunt, in īnsulam Tenedum navigāvērunt.	3. Sobald die Griechen das Pferd vor den Toren Trojas aufgestellt hatten, segelten sie zur Insel Tenedos.

[1] *In der Regel mit dem Indikativ Perfekt zur Bezeichnung einer einmaligen, abgeschlossenen Handlung in der Vergangenheit; im Deutschen Tempus der Vorzeitigkeit (wie bei cum prīmum, s. S. 53).*

mit Konjunktiv

zur Einleitung eines Finalsatzes (s. auch S. 70)

– ut »damit« (bei gleichem Subjekt »um zu« + Infinitiv) bezeichnet die Absicht oder den Zweck, die mit einer Handlung verfolgt werden.
(verneint: nē »damit nicht«: s. S. 57)

ut
»damit«

4. Troiānī portās urbis aperuērunt, ut equum ā Graecīs relictum spectārent.	4. Die Trojaner öffneten die Stadttore, um sich das Pferd, das von den Griechen zurückgelassen worden war, anzuschauen.

zur Einleitung eines Konsekutivsatzes (s. auch S. 70)

– ut »(so) dass« bezeichnet die Folge, die sich aus einer Lage oder einem Vorgang ergibt (häufig nach einem hinweisenden Begriff im Hauptsatz (»so ...«), z. B. ita, tam, sīc, tantus, tālis u. a.).
(verneint: ut nōn – »(so) dass nicht«)

ut
»(so) dass«

5. Equus tam immānis erat, ut Troiānī eum per portās trahere nōn possent.	5. Das Pferd war so riesig, dass die Trojaner es nicht durch die Tore ziehen konnten.

zur Einleitung eines Wunschsatzes, der nach Verben des Wünschens mit der Sinnrichtung, dass etwas geschehen soll, den Inhalt bzw. die Richtung des Wunsches ausspricht (s. auch S. 72).

– ut »dass« (verneint: nē – »dass nicht«: s. S. 57)

ut
»dass«

6. Tamen Troiānī optāvērunt, ut equus in urbem traherētur.	6. Dennoch wünschten die Trojaner, dass das Pferd in die Stadt gezogen werde.

zur Einleitung eines Wunschsatzes nach Ausdrücken des Fürchtens mit der Sinnrichtung, der Wunsch (hier: … dēcipere) solle doch in Erfüllung gehen (s. S. 72).

ut
»dass nicht«

[1] *Nach Verben des Hinderns und Fernhaltens wird der abhängige Wunschsatz durch quōminus (seltener durch nē, s. S. 57, Anm. 2) eingeleitet:*

Lāocoōn sacerdōs Troiānōs prohibēre cōnātus est, quōminus equum in urbem traherent.

Der Priester Laokoon versuchte die Trojaner daran zu hindern, das Pferd in die Stadt zu ziehen.

ut
»dass«

[2] *Ganz selten hat ut mit dem Konjunktiv auch konzessive Bedeutung: »obwohl«; »wenn auch«*

Ut dēsint virēs, tamen est laudanda voluntās.

Wenn auch die Kräfte fehlen, so ist der Wille doch zu loben.

– ut; (gelegentlich auch) nē nōn »dass nicht« (bejaht: nē »dass« s. S. 57)[1]

7. Graecī timuērunt, ut Troiānī dolō dēciperentur.	7. Die Griechen fürchteten, dass die Trojaner auf ihre List nicht hereinfallen würden.

zur Einleitung eines Aussagesatzes nach Ausdrücken des Geschehens (s. S. 72)

– ut »dass« (verneint: ut nōn »dass nicht«) bezeichnet ein Geschehen, das sich als Folge aus einem anderen Geschehen ergibt oder es näher erläutert.[2]

8. Dēnique accidit, ut Troiānī portās urbis diruerent et eō modō equō viam patefacerent.	8. Schließlich ereignete es sich, dass die Trojaner die Stadttore niederrissen und auf diese Weise dem Pferd einen Weg öffneten.

Komparativ-/Vergleichssätze

stellen den Aussagen eines übergeordneten Satzes vergleichbare Aussagen gegenüber. Dabei kann das Prädikat des Komparativsatzes entfallen, bei Sprichwörtern und Redewendungen auch das des Hauptsatzes. Der Modus ist in der Regel der Indikativ.

Verglichen wird durch (s. auch S. 62 und 70)

einander entsprechende Adjektive, Pronomina oder Adverbien

1. Quālis rēx, tālis grex.	1. Wie der König, so (ist) die Masse.
2. Quot capita, tot sententiae.	2. Wie viele Köpfe, so viele Meinungen (gibt es).
3. Ut sēmentem fēceris, ita metēs. Est, ut dīxī.	3. Wie du gesät haben wirst/säst, so wirst du ernten. Es ist (so), wie ich gesagt habe.
4. Lēx, quō/quantō brevior, eō/tantō melior est.	4. Je kürzer ein Gesetz (ist), desto besser.

atque/ac

»wie, als« bei Ausdrücken der Gleichheit/Ähnlichkeit oder Verschiedenheit

atque/ac
»wie, als«

5. Nōbīs idem placet atque vōbīs.	5. Uns gefällt dasselbe wie euch.
6. Rēs aliter sē habet ac putās.	6. Die Sache verhält sich anders als du glaubst.

quam

»als« bei Komparativen und Verben mit komparativer Bedeutung

quam
»als«

7. Rhēnus longior est quam Visurgis.	7. Der Rhein ist länger als die Weser.
8. Nōnnumquam praestat tacēre quam loquī.	8. Manchmal ist es besser zu schweigen als zu reden.

quasi/tamquam (sī)/velut sī

»als ob«, »wie wenn« in Vergleichssätzen, die auf einer bestimmten Annahme bzw. Bedingung beruhen; hier steht jeweils der Konjunktiv.
(Vergleiche auch quasi S. 59; s. auch S. 70)

quasi/tamquam
(sī)/velut sī
»als ob«,
»wie wenn«

9. Suādeō, ut amīcīs cōnsulās, tamquam sī tua rēs agātur.	9. Ich rate dir, für deine Freunde zu sorgen, als ob es sich um dein eigenes Anliegen handelte.

Indirekte Fragesätze

Abhängige bzw. indirekte Fragesätze sind abhängig von Verben des Fragens (manchmal auch des Wissens und Sagens). Sie stehen immer im Konjunktiv und erscheinen stets als Objekt- bzw. Subjektsätze (s. auch S. 72).

Das Tempus in ihnen richtet sich nach den Gesetzen der consecutio temporum (s. S. 52 und 73–74).

Zu unterscheiden sind wie bei den direkten Fragesätzen (s. S. 49–50) Wort-fragen, Satzfragen sowie Doppel- bzw. Wahlfragen.

Wortfragen

Der römische Legionär Quintus Attentus kehrt von seiner Nachtwache in das römische Lager zurück und berichtet seinem Zenturio, was vorgefallen ist.

1. In virum aliēnum incidī et eum interrogāvī, quid faceret, quis esset, cūr castra circumīret.	1. Ich stieß auf einen fremden Mann und fragte ihn, was er mache, wer er sei, warum er um das Lager herumschleiche.

Indirekte Wortfragen werden wie die direkten (s. S. 49–50) durch Frage-pronomina (hier: quid und quis) oder durch Frageadverbien (hier: cūr) eingeleitet.

Satzfragen

2. Tum ā mē quaesītum est, num Germānus esset, nōnne respondēre posset.	2. Dann wurde von mir gefragt, ob er Germane sei, ob er nicht antworten könne.

-ne, num
»ob«,

nōnne
»ob nicht«

Indirekte Satzfragen werden durch -ne, num oder nōnne eingeleitet. Dabei haben das angehängte -ne und num neutrale Funktion und bedeuten »ob«, nōnne (meistens nach quaerere) hat die Bedeutung »ob nicht«.

Doppelfrage

3. Dēnique eum interrogāvī, utrum hostis vēnisset an amīcus.	3. Schließlich fragte ich ihn, ob er als Feind oder Freund gekommen sei.

Indirekte Doppelfragen werden wie die direkten (s. S. 49–50) durch utrum … an eingeleitet. Die Verneinung des zweiten Teils lautet hier allerdings necne, nicht annōn. Bei den abhängigen Fragen werden beide Bestandteile über-setzt: »ob … oder (oder nicht)«.

Relativsätze

im Indikativ

Caesar berichtet in seiner Schrift »De bello Gallico« über Besonderheiten von Land und Leuten, die ihm in Gallien, Germanien und Britannien aufgefallen sind.

1. Gallia est omnis dīvīsa in partēs tres, quārum ūnam incolunt Belgae.	1. Gallien in seiner Gesamtheit ist in drei Teile eingeteilt, von denen die Belger einen bewohnen.
2. Quī victī erant, apud Germānōs in diciōne eōrum erant, quī vīcerant.	2. Die besiegt worden waren, standen bei den Germanen unter der Gewalt derer, die gesiegt hatten.
3. Germānī, quod Caesar in animō habēbat, saepe prōvidēre nōn poterant.	3. Die Germanen konnten oft nicht vorhersehen, was Caesar im Sinn hatte.

Der Relativsatz ist ein Nebensatz, der durch ein Relativpronomen (qui, quae, quod, s. Tabelle auf den vorderen Umschlagklappen) eingeleitet wird.

Das Relativpronomen hat in der Regel ein Bezugswort im übergeordneten Satz und richtet sich im Numerus und Genus nach ihm. Der Kasus des Relativpronomens wird bestimmt durch seine Aufgabe innerhalb des Relativsatzes. Im Deutschen gelten die gleichen Gesetzmäßigkeiten.

Der Relativsatz erscheint vor allem als Attribut- (Satz 1), Subjekt- (Satz 2) und Objektsatz (Satz 3) (s. auch S. 72).

im Konjunktiv

4. Gallī lēgātōs ad Caesarem mīsērunt, quī pācem peterent.	4. Die Gallier schickten Gesandte zu Caesar, die um Frieden bitten sollten/ damit sie um Frieden bäten.
5. Caesar Germānōs admīrābātur, quī continenter cum Belgīs bellum gererent.	5. Caesar staunte über die Germanen, die/weil sie fortwährend mit den Belgern Krieg führten.
Caesar schreibt über das Wetter in Britannien.	
6. Secūtae sunt complūrēs diēs continuae tempestātēs, quae nōs in castrīs continērent et hostem ā pūgnā prohibērent.	6. Es folgten mehrere Tage lang ununterbrochen Stürme, die uns im Lager festhielten und den Feind am Kampf hinderten/... (so heftige) Stürme, dass sie uns ... festhielten und ... hinderten.

Steht ein Relativsatz im Konjunktiv, drückt er in der Regel einen finalen (Satz 4), kausalen (Satz 5) oder konsekutiven (Satz 6) Nebensinn aus; er nimmt dann die Stelle eines Adverbialsatzes ein.

Gelegentlich haben konjunktivische Relativsätze auch einen konzessiven Nebensinn (Wiedergabe im Deutschen durch »obwohl/obgleich«) oder einen adversativen Nebensinn (Wiedergabe im Deutschen durch »während«) (s. auch S. 71).

Besonderheiten des Relativsatzes

Wiederholung des Bezugswortes im Relativsatz

Caesar berichtet über mögliche Wege für die Auswanderung des gallischen Volksstamms der Helvetier.

7. Erant itinera duo, quibus itineribus domō exīre possent.	7. Es gab zwei Wege, auf denen sie die Heimat verlassen konnten (..., die so beschaffen waren, dass sie auf ihnen ...).

Wiederholung des Bezugswortes entfällt bei der Wiedergabe

Manchmal wird das Bezugswort des Relativpronomens im übergeordneten Satz aus Gründen der Deutlichkeit im Relativsatz noch einmal wiederholt; diese Wiederholung entfällt bei der Übersetzung.

Übernahme des Bezugswortes in den Relativsatz

Caesar spricht über seinen Offizier Sabinus.

8. Sabīnus, quōs tribūnōs mīlitum circum sē habēbat, sē sequī iussit.	8. Sabinus befahl den Militärtribunen, die er bei sich hatte, ihm zu folgen.

Bezugswort wird bei der Wiedergabe in den übergeordneten Satz aufgenommen

Das Bezugswort des Relativpronomens kann auch in den Relativsatz hineingezogen sein; im Deutschen muss das Bezugswort in den übergeordneten Satz aufgenommen werden.

Wegfall des Bezugswortes

Caesar schreibt über die Geheimlehre der Druiden in Britannien.

9. Nunc, quī dīligentius eam rem cognōscere volunt, plērumque illō discendī causā proficīscuntur.	9. Wer diese Lehre genauer kennen lernen will, unternimmt heutzutage meist eine Studienreise dorthin.

Bezugswort kann bei Wiedergabe entfallen

Das Bezugswort im übergeordneten Satz kann entfallen; eine solche Konstruktion ist auch im Deutschen möglich. Es wird dann das Relativpronomen wer, was verwendet.

relativische Satzverschränkung

10. Germānī,
    quōs Caesar trāns Rhēnum
    incolere scrībit,
	10. Die Germanen,
	    von denen Caesar schreibt, dass sie
	    jenseits des Rheins wohnen,/
	    die – wie Caesar schreibt – jenseits
	    des Rheins wohnen,/
	    die nach Caesars Darstellung
	    jenseits des Rheins wohnen,

continenter cum Belgīs
    bellum gerunt.
	führen fortwährend mit den Belgern
	    Krieg.

Steht im Relativsatz ein AcI und ist darin das Relativpronomen als Subjekts-akkusativ verwendet, so liegt eine sogenannte relativische Satzverschränkung vor; eine wörtliche Übersetzung dieser lateinischen Konstruktion ist nicht möglich.

relativische Satzverschränkung wird durch sinngemäße Umschreibung wiedergegeben

relativischer Satzanschluss

Caesar charakterisiert die Germanen.

11. Germānī
    lacte atque pecore
    vīvunt multumque
    sunt in vēnātiōnibus.
	11. Die Germanen leben
	    von Milch und Fleisch
	    und sind oft auf der
	    Jagd.

Quae rēs virēs
    alit et immānī
    corporum māgnitūdine
    hominēs efficit.
	Dies stärkt ihre
	    Kräfte und schafft
	    Menschen von
	    ungeheurer Körpergröße.

Relativpronomen wiedergegeben als Demonstrativpronomen

Wird ein Hauptsatz durch ein Relativpronomen eingeleitet, spricht man von einem relativischen Satzanschluss. Das Relativpronomen verweist in solchen Fällen auf ein einzelnes Wort oder auf den Gesamtinhalt des vorangehenden Satzes und wird als Demonstrativpronomen übersetzt.

Die wichtigsten Sinnrichtungen adverbialer Nebensätze

Adversativsätze

geben einen Gegensatz zu einem Vorgang an; einleitende Subjunktion:

cum	(mit Konjunktiv)	»während«	(s. S.55 cum adversativum)

Finalsätze

bezeichnen die Absicht oder den Zweck, die mit einer Handlung verfolgt werden; einleitende Subjunktionen sind

(bejaht) ut	(mit Konjunktiv) (bei gleichem Subjekt im Deutschen häufig »um zu«)	»damit«	(s. S.63 ut finale)
(verneint) nē	(mit Konjunktiv)	»damit nicht«	(s. S.57)

Kausalsätze

nennen Gründe und Ursachen für einen Vorgang; einleitende Subjunktionen:

cum	(mit Konjunktiv)	»da«, »weil«	(s. S.54 cum causale)
quod	(mit Indikativ)	»da«, »weil«	(s. S.60)
quia	(mit Indikativ)	»da«, »weil«	(s. S.59)
quoniam	(mit Indikativ)	»da ja«, »weil ja«	(s. S.59)

Komparativsätze

stellen den Aussagen eines übergeordneten Satzes vergleichbare Aussagen gegenüber; eingeleitet werden die Vergleiche vor allem durch

atque/ac		»wie, als«	(s. S.65)
quam		»als« beim Komparativ	(s. S.65)
quasi/tamquam (sī)/ velut sī	(mit Konjunktiv)	»als ob«, »wie wenn«	(s. S.59, 65)
ut	(mit Indikativ)	»wie«	(s. S.62 und 64)

Konditionalsätze

sprechen Bedingungen aus, unter denen sich ein Vorgang vollzieht; eingeleitet werden sie vor allem durch

(bejaht) sī	(mit Indikativ bzw. Konjunktiv)	»falls«, »wenn«	(s. S.61–62)
(verneint) nisī	(mit Indikativ bzw. Konjunktiv)	»falls/wenn nicht«	(s. S.61–62)

Konsekutivsätze

drücken eine Folge aus, die sich aus einem Vorgang ergibt; eingeleitet durch

(bejaht) ut	(mit Konjunktiv)	»(so) dass«	(s. S.63 ut consecutivum)
(verneint) ut nōn	(mit Konjunktiv)	»(so) dass nicht«	(s. S.63)

Konzessivsätze

geben Sachverhalte an, die der Handlung des Hauptsatzes entgegenstehen; die wichtigsten einleitenden Subjunktionen sind

cum	(mit Konjunktiv)	»obwohl«, »obgleich«	(s. S. 54 cum concessivum)
quamquam	(mit Indikativ)	»obwohl«, »obgleich«	(s. S. 58)
quamvīs	(mit Konjunktiv)	»wie sehr auch«, »obwohl«	(s. S. 59)
etsī/etiamsī	(mit Indikativ oder Konjunktiv)	»obwohl, wenngleich, auch wenn«	(s. S. 56)

Modalsätze

geben die Art und Weise an, in der ein Vorgang abläuft; die einleitende Subjunktion lautet

cum	(mit Indikativ)	»indem«, »wenn«, »dadurch, dass«	(s. S. 54 cum coincidens)

Relativsätze im Konjunktiv

enthalten einen finalen, kausalen oder konsekutiven, gelegentlich auch einen konzessiven oder adversativen Nebensinn; eingeleitet werden sie durch Relativpronomina (s. S. 67), in besonderen Fällen auch durch quīn (s. S. 60).

Temporalsätze

drücken eine Zeitbestimmung aus und geben an, wann und wie ein Vorgang abläuft; die einleitenden Subjunktionen weisen auf die genaue Sinnrichtung hin; die wichtigsten Subjunktionen sind

cum	(mit Indikativ)	»(damals) … als«	(s. S. 53 cum relativum)
		»wenn«, »als«	(s. S. 53 cum temporale)
		»jedesmal, wenn«, »sooft«	(s. S. 53 cum iterativum)
		»als plötzlich«, »als«	(s. S. 53 cum inversivum)
cum	(mit Konjunktiv)	»als«, »nachdem«	(s. S. 54 cum historicum)
cum prīmum	(mit Indikativ Perfekt)	»sobald (als)«	(s. S. 53)
dum	(mit Indikativ Präsens)	»während«	(s. S. 55)
	(mit Indikativ)	»solange«	(s. S. 55)
		»so lange, bis«	(s. S. 56)
dum	(mit Konjunktiv)	»so lange, bis« (mit finalem Nebensinn)	(s. S. 56)
postquam	(mit Indikativ Perfekt)	»nachdem«	(s. S. 57–58)
priusquam	(mit Indikativ)	»bevor«	(s. S. 58)
priusquam	(mit Konjunktiv)	»bevor« (mit finalem Nebensinn)	(s. S. 58)
ut prīmum	(mit Indikativ Perfekt)	»sobald (als)«	(s. S. 63)

Sinnrichtungen von Subjekt- und Objektsätzen

Aussage-, Wunsch-, Frage- und Relativsätze treten im Lateinischen als Subjekt- bzw. Objektsätze auf.			
Abhängige Aussagesätze			
geben Umstände, Tatsachen und Ereignisse an; die sie einleitenden Subjunktionen lauten			
quīn	(mit Konjunktiv)	»dass«	(s. S. 59)
quod	(mit Indikativ; selten mit Konjunktiv)	»dass«	(s. S. 60–61)
ut	(mit Konjunktiv; im Sinne eines Folgeereignisses)	»dass«	(s. S. 64)
Abhängige Wunsch- und Aufforderungssätze			
nennen nach Verben des Wünschens den Inhalt bzw. die Richtung des Wunsches; sie werden eingeleitet durch			
(bejaht) ut	(mit Konjunktiv)	»dass«	(s. S. 63–64)
(verneint) nē	(mit Konjunktiv)	»dass nicht«	(s. S. 57)
nach Verben und Ausdrücken des Fürchtens			
(bejaht) nē	(mit Konjunktiv)	»dass«	(s. S. 57)
(verneint) ut (nē nōn)	(mit Konjunktiv)	»dass nicht«	(s. S. 64)
nach Verben des Hinderns und Fernhaltens			
quōminus (seltener nē)	(mit Konjunktiv)	»dass«	(s. S. 57, Anm. 2; 64, Anm. 1)
Abhängige Fragesätze			
nennen nach Verben des Fragens den Inhalt bzw. die Richtung der Fragen; sie stehen immer im Konjunktiv und erscheinen als			
Wortfragen, eingeleitet durch Fragepronomina oder Frageadverbien			(s. S. 66)
Satzfragen, eingeleitet durch Fragepartikel			(s. S. 66)
Doppelfragen, eingeleitet durch Fragepartikel			(s. S. 66)
Relativsätze im Indikativ			
beschreiben Personen und Sachen, die eine Handlung ausführen bzw. auf die sich die Handlung richtet; eingeleitet werden sie durch Relativpronomina			(s. S. 67)

Oratio obliqua – indirekte/abhängige Rede

In der direkten Rede (oratio recta) werden die Worte eines Sprechers wörtlich, d.h. so, wie man sie heute auf einer CD oder einem MP3-Player hören könnte, wiedergegeben.

Cicero spricht zu den Senatoren:

1. »Videō, patrēs cōnscrīptī, omnium vestrum oculōs in mē conversōs esse.«

1. »Ich sehe, versammelte Senatoren, dass euer aller Augen auf mich gerichtet sind.«

Die oratio obliqua gibt die Worte eines Sprechers nicht unmittelbar wieder, sondern in »angelehnter« Form (obliquus »schräg, angelehnt«), d.h. sie sind von einem Verb des Sagens abhängig gemacht.
Eine in dieser Form vorgetragene Rede zeigt im Lateinischen ganz bestimmte Merkmale:

– Hauptsätze als Aussagesätze stehen im AcI;

– Hauptsätze als Frage-[1], Wunsch-, Aufforderungs- und Verbotssätze[2] sowie alle Nebensätze stehen im Konjunktiv.

Das Tempus richtet sich nach dem Verbum, das die indirekte Rede einleitet; das Tempus des Nebensatzes folgt den Gesetzen der consecutio temporum (s. S. 52).

[1] *Rhetorische Fragen sind keine echten Fragen, sondern sprechen ein Urteil aus. Sie stehen ebenfalls im AcI.*

[2] *Die Negation ist nē.*

Wiedergabe durch
Konjunktiv

In der Auseinandersetzung Caesars mit dem Suebenkönig Ariovist werden die Reden beider jeweils in der oratio obliqua wiedergegeben.

2. *Caesar ab Ariovistō postulāvit:*	(Verb des Sagens)	2. Caesar forderte von Ariovist:
3. nē quam multitūdinem hominum amplius trāns Rhēnum in Galliam trādūceret nēve Haeduōs iniūriā lacesseret nēve hīs sociīsque eōrum bellum īnferret.	(verneinte Aufforderung steht als Hauptsatz im Konjunktiv)	3. er solle nicht länger irgendeine Menschenmenge über den Rhein nach Gallien bringen, und er solle weder die Häduer feindselig behandeln noch mit ihnen und ihren Verbündeten Krieg anfangen.
4. *Ad haec Ariovistus respondit:*	(Verb des Sagens)	4. Darauf antwortete Ariovist:
5. sē prius in Galliam vēnisse quam populum Rōmānum;	(Aussage steht als Hauptsatz im AcI)	5. er sei eher nach Gallien gekommen als das römische Volk;
6. numquam ante hoc tempus exercitum populī Rōmānī Galliae prōvinciae fīnibus ēgressum (esse);	(Aussage steht als Hauptsatz im AcI)	6. niemals vor dieser Zeit habe ein Heer des römischen Volkes die Grenzen der Provinz Gallien überschritten;
7. cūr in suās[1] possessiōnēs venīret?	(Frage steht als Hauptsatz im Konjunktiv)	7. warum komme er in seine Besitzungen?

[1] *Ein Reflexivpronomen (suī, sibi, sē; suus) bezieht sich auf die sprechende Person; die angesprochene Person ist meist mit is oder ille bezeichnet; vgl. auch Pronomina im AcI S. 31–32.*

Im Deutschen stehen alle Sätze der oratio obliqua im Konjunktiv.

BESONDERHEITEN DER FORMENLEHRE

Deklinationen

Substantive

– Einige Substantive haben nur die Pluralform (pluralia tantum – Plural-wörter), z. B.

> līberī, -ōrum m. »Kinder«; thermae, -ārum f. »Thermen«; māiōrēs, -um m. »Vorfahren«; arma, -ōrum n. »Waffen«; castra, -ōrum n. Lager.

– Einige Substantive haben im Plural eine zusätzliche Bedeutung:

> cōpia, -ae f. »Menge, Masse«; cōpiae, -ārum f. »Mengen«, »Massen« und zusätzlich »Truppen«; pars, partis f. »Teil«; partēs, -ium f. »Teile« und zusätzlich »Partei«.

a-Deklination

– Bei Substantiven, die männliche Personen bezeichnen, hat sich das »natür-liche Geschlecht« gegenüber dem »grammatischen Geschlecht« der a-De-klination durchgesetzt. Die Regeln der KNG-Kongruenz bleiben erhalten:
poēta, -ae m. »der Dichter«
poēta doctus »der gelehrte Dichter«.

Beachte:
Das Lexikon gibt die Besonderheiten der Substantive an.

– Einige Wendungen zeigen abweichende Kasusendungen:

> pater familiās (statt Gen. Sg.: familiae) »Familienvater«, »Familienoberhaupt«; Dat. und Abl. Pl.: filiīs filiābusque (statt filiīsque) »Söhnen und Töchtern«.

Beachte die von der Regel abweichenden Wendungen.

o-Deklination

Namen auf -ius bilden den Vokativ auf -ī, z. B. (s. S. 20)

> Lucius → Vokativ Lucī!; Gāius → Vokativ Gāī! So auch »Mī filī!« »Mein Sohn!«

Beachte:
Nom., Gen., Dat. und Abl.
Pl. von deus »Gott«

> dī (statt deī) »die Götter«;
> deum (statt deōrum) »der Götter«;
> dīs (statt deīs) »den Göttern«;
> cum dīs (statt cum deīs) »mit den Göttern«.

i-Stämme der 3. Deklination

Beachte:
vīs f. »Gewalt« weist im
Singular eine unvollständige
Deklination auf:

> Nom. vīs, Akk. vim, Abl. vī.

e-Deklination

Außer rēs, reī f. »Sache«, spēs, speī f. »Hoffnung« und diēs, diēī m. »Tag« kommen alle Substantive der e-Deklination nur im Singular vor. Bei spēs sind nur der Nominativ und Akkusativ Plural gebräuchlich. In der Bedeutung »Frist, Termin« ist diēs feminin.

u-Deklination

Die Substantive mit der Nominativendung auf -us sind in der Regel maskulin, die auf -ū neutrum, z. B.: exercitus, -ūs m. »Heer«; cornū, cornūs n. »Horn, Heeresflügel«.
Feminin sind z. B.: manus, -ūs f. »Hand«, »Gruppe, Bande«; domus, -ūs f. »Haus«.

Beachte:
Unregelmäßigkeiten in der
Deklination von domus:

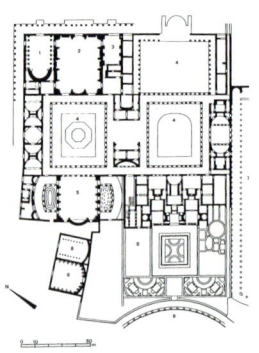

	Sg.	Pl.	
Nom.	domus	domūs	domī »zu Hause«
Gen.	domūs	domōrum	
Dat.	domuī	domibus	
Akk.	domum	domōs	domum »nach Hause«
Abl.	domō	domibus	domō »von zu Hause«

Adjektive der 3. oder Misch-Deklination

Die folgenden Adjektive sind Konsonantenstämme; sie sind einendig und bilden den Abl. Sg. auf -e (statt -ī), Nom. und Akk. Pl. n. auf -a (statt -ia), Gen. Pl. auf -um (statt -ium):

> vetus, veteris »alt«   prīnceps, prīncipis »erster, vornehmster«
>
> dīves, dīvitis »reich«   particeps, participis »beteiligt«
>
> pauper, pauperis »arm«

Unregelmäßige Steigerung von Adjektiven

– Folgende Adjektive sind in ihrer Steigerung unregelmäßig:

Positiv			Komparativ		Superlativ		
māgnus,	-a,	-um	»groß«	māior,	māius	maximus,	-a,	-um
parvus,	-a,	-um	»klein«	minor,	minus	minimus,	-a,	-um
bonus,	-a,	-um	»gut«	melior,	melius	optimus,	-a,	-um
malus,	-a,	-um	»schlecht«	peior,	peius	pessimus,	-a,	-um
multum	-a,	-um	»viel«	plūs	(gen. plūris)	plūrimum		

Beachte:
Das Adverb zu bonus
lautet bene!

– Folgende Steigerungsformen sind unvollständig; die fehlende Grundstufe wird durch Präpositionen ergänzt:

extrā (beim Akk.) »außerhalb«	exterior, exterius »weiter außen gelegen«	extrēmus, -a, -um »äußerster, letzter«
īnfrā (beim Akk.) »unterhalb«	īnferior, īnferius »weiter unten, tiefer gelegen«	īnfimus, -a, -um »unterster, tiefster«
intrā (beim Akk.) »innerhalb«	interior, interius »weiter innen gelegen«	intimus, -a, -um »innerster, vertrautester«
post (beim Akk.) »hinter, nach«	posterior, posterius »später, geringer«	postrēmus, -a, -um »letzter, schlechtester«
prope (beim Akk.) »nahe bei«	propior, propius »näher gelegen«	proximus, -a, -um »nächster«
suprā (beim Akk.) »oberhalb«	superior, superius »höher gelegen«	suprēmus, -a, -um »höchster«

– Adjektive auf -us mit vorhergehendem Vokal werden durch Umschreibung gesteigert:

idōneus, -a, -um geeignet	magis idōneus, -a, -um	maximē idōneus, -a, -um

Pronominaladjektive

ūnus, -a, -um	»einer«	sōlus, -a, -um	»allein«
tōtus, -a, -um	»ganz«	ūllus, -a, -um	»irgendein«
uter, utra, utrum?	»welcher von beiden?«	alter, altera, alterum	»der eine von beiden/der andere von beiden«
neuter, neutra, neutrum	»keiner von beiden«		
		nūllus, -a, -um	»keiner«
		alius, -a, -ud	»ein anderer«

Beachte:
ūnus, sōlus, tōtus, ūllus,
uter, alter, neuter, nūllus.
Diese Wörter haben alle
-īus in dem 2. Falle, und
im Dativ enden sie wie alius
mit langem -ī.

Numeralia / Zahlwörter

[1] *Aus Gründen der Übersichtlichkeit ist im Folgenden von den drei Formen für m., f. und n. nur eine angegeben.*

Ziffer		Grundzahl	Ordnungszahl
I	1	ūnus, -a, -um	prīmus, -a, -um
II	2	duo, duae, duo	secundus oder alter, -a, -um
III	3	trēs, tria	tertius ...[1]
IV	4	quattuor	quārtus
V	5	quīnque	quīntus
VI	6	sex	sextus
VII	7	septem	septimus
VIII	8	octō	octāvus
IX	9	novem	nōnus
X	10	decem	decimus
XI	11	ūndecim	ūndecimus
XII	12	duodecim	duodecimus
XIII	13	trēdecim	tertius decimus
XIV	14	quattuordecim	quārtus decimus
XV	15	quīndecim	quīntus decimus
XVI	16	sēdecim	sextus decimus
XVII	17	septendecim	septimus decimus
XVIII	18	duodēvīgintī	duodēvīcēsimus
XIX	19	ūndēvīgintī	ūndēvīcēsimus
XX	20	vīgintī	vīcēsimus
XXI	21	vīgintī ūnus oder ūnus et vīgintī	vīcēsimus prīmus oder prīmus et vīcēsimus
XXX	30	trīgintā	trīcēsimus
XL	40	quadrāgintā	quadrāgēsimus
L	50	quīnquāgintā	quīnquāgēsimus
LX	60	sexāgintā	sexāgēsimus
LXX	70	septuāgintā	septuāgēsimus
LXXX	80	octōgintā	octōgēsimus
XC	90	nōnāgintā	nōnāgēsimus
C	100	centum	centēsimus
CC	200	ducentī, -ae, -a	ducentēsimus
CCC	300	trecentī ...[1]	trecentēsimus
CCCC/CD	400	quadringentī	quadringentēsimus
D	500	quīngentī	quīngentēsimus
DC	600	sescentī	sescentēsimus
DCC	700	septingentī	septingentēsimus
DCCC	800	octingentī	octingentēsimus
CM	900	nōngentī	nōngentēsimus
M	1000	mīlle	mīllēsimus
MM	2000	duo mīlia	bis mīllēsimus

Sēdecim mīlia hominum   16 000 Menschen
Nach mīlia steht der Genitivus partitivus   (s. S. 22).

Konjugationen

Perfektstämme wichtiger Verben

abiēcī	abiectum	→ abicere	weg-, herab-, niederwerfen
abiī	abitum	→ abīre	weggehen
abstulī	ablātum	→ auferre	wegtragen, beseitigen
accēpī	acceptum	→ accipere	annehmen, empfangen; aufnehmen
accessī	accessum	→ accēdere	herantreten an; sich befassen mit, beteiligen
accidī		→ accidere	hinfallen; sich ereignen, (jmdm.) zustoßen
addidī	additum	→ addere	beifügen, hinzufügen
addūxī	adductum	→ addūcere	heranführen, veranlassen
adēmī	adēmptum	→ adimere	an sich nehmen, wegnehmen
adiī	aditum	→ adīre	herangehen (an); angreifen; besuchen
adiūnxī	adiūnctum	→ adiungere	anfügen, verbinden
adiūvī	adiūtum	→ adiuvāre	unterstützen, helfen
admīsī	admissum	→ admittere	in Bewegung setzen; zulassen, gestatten
admonuī	admonitum	→ admonēre	ermahnen, erinnern
admōvī	admōtum	→ admovēre	heranbringen, heranführen
affēcī	affectum	→ afficere	versehen mit
affuī		→ adesse	da sein; teilnehmen; helfen
āfuī		→ abesse	fehlen, fern sein
āmīsī	āmissum	→ āmittere	aufgeben; verlieren
animadvertī	animadversum	→ animadvertere	bemerken; einschreiten; bestrafen
aperuī	apertum	→ aperīre	öffnen
appāruī		→ appārēre	erscheinen, sich zeigen
appetīvī	appetītum	→ appetere	begehren, verlangen; angreifen
arbitrātus sum		→ arbitrārī	annehmen, meinen; beobachten
ārsī	ārsum	→ ārdēre	brennen
aspexī	aspectum	→ aspicere	erblicken, anschauen, betrachten
assecūtus sum		→ assequī	einholen, erreichen, nachfolgen (s. Abb.)
attribuī	attribūtum	→ attribuere	zuteilen
attulī	allātum	→ afferre	herbeitragen; mit sich bringen; bereiten
audīvī	audītum	→ audīre	hören; anhören, erhören
ausus sum		→ audēre	wagen
auxī	auctum	→ augēre	vermehren, steigern, fördern
āvertī	āversum	→ āvertere	abwenden, vertreiben
caruī		→ carēre	frei sein (von etw.); (etw.) nicht haben
cāvī	cautum	→ cavēre	sich hüten
cecidī		→ cadere	fallen
cecīdī	caesum	→ caedere	umhauen; niedermachen, erschlagen
cecinī		→ canere	singen, besingen; ertönen lassen
cēnsuī	cēnsum	→ cēnsēre	schätzen; meinen; beschließen
cēpī	captum	→ capere	fassen, ergreifen, fangen
cessī	cessum	→ cēdere	gehen; weichen; nachgeben
clausī	clausum	→ claudere	schließen, einschließen
coēgī	coāctum	→ cōgere	zusammentreiben, sammeln; zwingen
coepī	inceptum	→ incipere	anfangen, beginnen
cognōvī	cognitum	→ cognōscere	kennenlernen; untersuchen, erkennen
collēgī	collēctum	→ colligere	sammeln
coluī	cultum	→ colere	bebauen, pflegen, ehren
commīsī	commissum	→ committere	zusammenführen; beginnen; begehen; anvertrauen
commōvī	commōtum	→ commovēre	bewegen, erregen

comperī	compertum	→ comperīre	erfahren; ertappen, überführen
composuī	compositum	→ compōnere	zusammenstellen, -fügen; ordnen
comprehendī	comprehēnsum	→ comprehendere	umfassen, umschließen; begreifen
concessī	concessum	→ concēdere	erlauben, gestatten, nachgeben
cōnfēcī	cōnfectum	→ cōnficere	zu Ende bringen, ausführen; erschöpfen
cōnfīsus sum		→ cōnfīdere	vertrauen, sich verlassen
coniūnxī	coniūnctum	→ coniungere	verbinden, vereinigen
cōnscrīpsī	cōnscrīptum	→ cōnscrībere	eintragen; (Soldaten) ausheben
cōnsēdī	cōnsessum	→ cōnsīdere	sich niederlassen, sich lagern
cōnsēnsī	cōnsēnsum	→ cōnsentīre	übereinstimmen, sich einig sein
cōnspexī	cōnspectum	→ cōnspicere	erblicken
cōnstitī		→ cōnsistere	Halt machen, stehen bleiben
cōnstitit		→ cōnstat	es steht fest, ist bekannt
cōnstituī	cōnstitūtum	→ cōnstituere	festsetzen, beschließen
cōnsuluī	cōnsultum	→ cōnsulere	um Rat fragen, sorgen für
cōnsūmpsī	cōnsūmptum	→ cōnsūmere	verwenden, verbrauchen
contempsī	contemptum	→ contemnere	gering schätzen, verachten
contendī		→ contendere	behaupten; eilen; kämpfen; sich bemühen
contulī	collātum	→ cōnferre	zusammentragen, vergleichen
convēnī	conventum	→ convenīre	zustande kommen, zusammentreffen; sich einigen
convertī	conversum	→ convertere	umdrehen, wenden, sich umdrehen
corrūpī	corruptum	→ corrumpere	verderben; bestechen
crēdidī	crēditum	→ crēdere	glauben
crēvī	crētum	→ crēscere	wachsen; sich entwickeln
crēvī	crētum	→ cernere	genau sehen, deutlich wahrnehmen
cucurrī	cursum	→ currere	laufen
cūnctātus sum		→ cūnctārī	zögern
cupīvī	cupītum	→ cupere	wünschen
dēbuī	dēbitum	→ dēbēre	müssen; schulden; verdanken
dēcessī	dēcessum	→ dēcēdere	weggehen, abweichen
dēcrēvī	dēcrētum	→ dēcernere	entscheiden, beschließen
dedī	datum	→ dare	geben
dēdidī	dēditum	→ dēdere	hingeben, ausliefern; widmen
dēdūxī	dēductum	→ dēdūcere	herabführen, wegführen
dēfēcī	dēfectum	→ dēficere (ā)	abfallen (von)
dēfendī	dēfēnsum	→ dēfendere	verteidigen
dēlēgī	dēlēctum	→ dēligere	wählen, auswählen
dēlēvī	dēlētum	→ dēlēre	zerstören, vernichten
dēpulī	dēpulsum	→ dēpellere	wegtreiben, verdrängen
dēscendī	dēscēnsum	→ dēscendere	hinabsteigen, sich herablassen
dēseruī	dēsertum	→ dēserere	im Stich lassen, verlassen
didicī		→ discere	lernen, erfahren
dīlēxī	dīlēctum	→ dīligere	lieben, schätzen
dīmīsī	dīmissum	→ dīmittere	nach verschiedenen Richtungen schicken, entlassen
discessī	discessum	→ discēdere	weggehen, auseinandergehen
dīvīsī	dīvīsum	→ dīvidere	trennen; unterscheiden; (zu)teilen
dīxī	dictum	→ dīcere	sagen, sprechen
docuī	doctum	→ docēre	lehren, unterrichten
dūxī	ductum	→ dūcere	ziehen, führen; glauben
effēcī	effectum	→ efficere	bewirken
effūgī		→ effugere	fliehen, entkommen
ēgī	āctum	→ agere	treiben; tun; führen; (ver)handeln
ēgressus sum		→ ēgredī	herausgehen, verlassen

eguī		→ egēre	(etw.) nötig haben, brauchen; Not leiden
ēmī	ēmptum	→ emere	kaufen, erkaufen
ēripuī	ēreptum	→ ēripere	rauben, entreißen
excēpī	exceptum	→ excipere	aufnehmen, auf sich nehmen
excessī	excessum	→ excēdere	weggehen
exēgī	exāctum	→ exigere	wegtreiben, eintreiben; fordern, erfordern
expedīvī/expediī	expedītum	→ expedīre	frei machen, bereit machen
expertus sum		→ experīrī	erleben, erleiden, erfahren, erproben
explēvī	explētum	→ explēre	ausfüllen, vollenden
expulī	expulsum	→ expellere	vertreiben, verbannen
exstitī		→ exsistere	heraustreten, auftreten; entstehen
exstrūxī	exstrūctum	→ exstruere	auftürmen, errichten
factus sum		→ fierī	(gemacht) werden, entstehen
fassus sum		→ fatērī	bekennen
fāvī	fautum	→ favēre	geneigt sein, begünstigen
fēcī	factum	→ facere	tun, machen
fefellī		→ fallere	täuschen
fīnīvī	fīnītum	→ fīnīre	begrenzen, beenden
fīnxī	fictum	→ fingere	formen; erdichten; vorgeben
flexī	flexum	→ flectere	beugen, biegen (s. Abb.)
fūgī		→ fugere	fliehen, flüchten
fūnctus sum		→ fungī	(etw.) ausführen, vollbringen
gavīsus sum		→ gaudēre	sich freuen
gessī	gestum	→ gerere	tragen, ausführen
habuī	habitum	→ habēre	haben, halten
haesī	haesum	→ haerēre	haften, kleben; hängen-, stecken bleiben
iēcī	iactum	→ iacere	werfen
iī		→ īre	gehen, reisen
impedīvī	impedītum	→ impedīre	hindern, zurückhalten (s. Abb.)
imposuī	impositum	→ impōnere	auf etwas setzen
impulī	impulsum	→ impellere	(an)stoßen, bewegen, veranlassen
incendī	incēnsum	→ incendere	anzünden, entflammen
incidī		→ incidere	hineinfallen, in die Hände fallen
indīxī	indictum	→ indīcere	ansagen, ankündigen
indūxī	inductum	→ indūcere	hineinführen; veranlassen
ingressus sum		→ ingredī	hineingehen, betreten
īnstitī		→ īnstāre	nahe bevorstehen
īnstituī	īnstitūtum	→ īnstituere	einrichten, beginnen, unterrichten
īnstrūxī	īnstrūctum	→ īnstruere	ausstatten; unterrichten
intellēxī	intellēctum	→ intellegere	verstehen, einsehen
interfēcī	interfectum	→ interficere	töten, ermorden
invāsī	invāsum	→ invādere	eindringen; überfallen
invēnī	inventum	→ invenīre	(er)finden, ermitteln
invīdī	invīsum	→ invidēre	jmdn. beneiden
irrīsī	irrīsum	→ irrīdēre	verspotten, auslachen
iūnxī	iūnctum	→ iungere	anspannen, verbinden
iussī	iussum	→ iubēre	befehlen
iūvī		→ iuvāre	helfen; (unpersönlich auch:) Spaß machen
lēgī	lēctum	→ legere	lesen
locūtus sum		→ loquī	sprechen
mānsī	mānsum	→ manēre	bleiben
meminī		→ meminisse	sich erinnern an, denken an
meruī	meritum	→ merēre	verdienen, sich verdient machen
metuī		→ metuere	(sich) fürchten
minuī	minūtum	→ minuere	vermindern, verringern

mīsī	missum	→ mittere	schicken, senden; entlassen; werfen
monuī	monitum	→ monēre	(er)mahnen
mortuus sum		→ morī	sterben
mōvī	mōtum	→ movēre	bewegen
mūnīvī/mūniī	munītum	→ mūnīre	(ver)schanzen, befestigen
nātus sum		→ nāscī	geboren werden
neglēxī	neglēctum	→ neglegere	vernachlässigen, nicht beachten
nesciī/nescīvī		→ nescīre	nicht wissen
nīsus/nīxus sum		→ nītī	sich stützen; sich anstrengen
nōluī		→ nōlle	nicht wollen
nōvī	nōtum	→ nōscere	kennenlernen, erfahren; Pf.: kennen, wissen
oblītus sum		→ oblīvīscī	etwas vergessen
obsēdī	obsessum	→ obsidēre	belagern, blockieren
obtinuī	obtentum	→ obtinēre	festhalten, im Besitz haben; einnehmen
obtulī	oblātum	→ offerre	entgegentragen; anbieten
occīdī	occīsum	→ occīdere	töten, umbringen
ōdī		→ ōdisse	hassen
offendī	offēnsum	→ offendere	anstoßen; verletzen, beleidigen
omīsī	omissum	→ omittere	aufgeben, fallen lassen; übergeben (s. Abb.)
oportuit		→ oportet	es ist notwendig
oppressī	oppressum	→ opprimere	bedrücken, unterdrücken; plötzlich überfallen
ortus sum		→ orīrī	entstehen
ostendī	ostentum	→ ostendere	zeigen, vor Augen stellen, darlegen
pāruī		→ pārēre	gehorchen
passus sum		→ patī	leiden
patuī		→ patēre	offen stehen
pependī	pēnsum	→ pendere	abwägen; zahlen
pepercī		→ parcere	schonen, sparen
peperī	partum	→ parere	hervorbringen; sich verschaffen
pepulī	pulsum	→ pellere	stoßen, schlagen, vertreiben
perdidī	perditum	→ perdere	zu Grunde richten, ruinieren; verlieren
perfēcī	perfectum	→ perficere	vollenden, zu Stande bringen
periī		→ perīre	untergehen; verloren gehen
permīsī	permissum	→ permittere	überlassen, erlauben
perrēxī	perrēctum	→ pergere	fortsetzen; fortfahren
persuāsī	persuāsum	→ persuādēre	überreden (mit ut); überzeugen (mit AcI)
pertulī	perlātum	→ perferre	ans Ziel bringen; durchführen; erdulden
pervēnī	perventum	→ pervenīre	(hin)kommen
petīvī	petītum	→ petere	zu erreichen suchen, erstreben; angreifen
placuī	placitum	→ placēre	gefallen
pollicitus sum		→ pollicērī	versprechen
poposcī		→ poscere	fordern
posuī	positum	→ pōnere	setzen, stellen, legen
potuī		→ posse	können
praebuī	praebitum	→ praebēre	hinhalten, reichen
praeposuī	praepositum	→ praepōnere	vorziehen; an die Spitze stellen
praestitī		→ praestāre	jmdm. voranstehen, jmdn. übertreffen, etw. leisten
praetulī	praelātum	→ praeferre	vorantragen, zur Schau stellen; vorziehen
pressī	pressum	→ premere	drücken
prōcessī	prōcessum	→ prōcēdere	vorwärtsgehen; hervorgehen aus
prōdidī	prōditum	→ prōdere	übergeben, verraten
profectus sum		→ proficīscī	aufbrechen, abreisen; ausgehen von
professus sum		→ profitērī	bekennen, gestehen
prōfuī		→ prōdesse	nützlich sein, nützen

prōgressus sum		→ prōgredī	hervorkommen; vorrücken; fortschreiten
prohibuī	prohibitum	→ prohibēre	abhalten, abwehren; (ver)hindern
prōmīsī	prōmissum	→ prōmittere	versprechen
prōvīdī	prōvīsum	→ prōvidēre	vorhersehen; sorgen für
quaesīvī	quaesītum	→ quaerere	suchen; fragen
questus sum		→ querī	klagen, sich beklagen
recēpī	receptum	→ recipere	zurücknehmen; zurückziehen; aufnehmen
reddidī	redditum	→ reddere	zurückgeben; etwas zu etwas machen
rediī		→ redīre	zurückkommen, zurückkehren
redūxī	reductum	→ redūcere	zurückführen, zurückziehen
relīquī	relictum	→ relinquere	verlassen; zurücklassen
remīsī	remissum	→ remittere	zurückschicken; lockern; erlassen
repetīvī	repetītum	→ repetere	wieder aufsuchen; wiederholen
respondī	respōnsum	→ respondēre	antworten
restitī		→ resistere	sich widersetzen, Widerstand leisten
restituī	restitūtum	→ restituere	wiederherstellen
rettulī	relātum	→ referre	zurücktragen; melden, berichten
revertī		→ revertī	zurückkehren, zurückkommen, umkehren
rēxī	rēctum	→ regere	lenken, leiten, »regieren«
rīsī	rīsum	→ rīdēre	lachen
scīvī/sciī	scītum	→ scīre	wissen; kennen, verstehen
scrīpsī	scrīptum	→ scrībere	schreiben
secūtus sum		→ sequī	folgen, nachfolgen
sēdī	sessum	→ sedēre	sitzen
sēnsī	sēnsum	→ sentīre	fühlen, meinen
solitus sum		→ solēre	gewohnt sein
solvī	solūtum	→ solvere	lösen; bezahlen; erfüllen
statuī	statūtum	→ statuere	hin-/aufstellen; bestimmen, beschließen
stetī	statum	→ stare	stehen
subvēnī	subventum	→ subvenīre	zu Hilfe kommen
sūmpsī	sūmptum	→ sūmere	(an sich) nehmen
suscēpī	susceptum	→ suscipere	auf sich nehmen, übernehmen
suspexī	suspectum	→ suspicere	nach oben schauen; bewundern, verehren
sustulī	sublātum	→ tollere	hochheben; verherrlichen; beseitigen (s. Abb.)
tetendī	tentum	→ tendere	spannen, dehnen, strecken; eilen
tetigī	tāctum	→ tangere	berühren
tēxī	tēctum	→ tegere	bedecken, schützen
trādidī	trāditum	→ trādere	übergeben, überliefern
trādūxī	trāductum	→ trādūcere	hinüberführen
trānsiī		→ trānsīre	hinübergehen; überschreiten
trānstulī	trānslātum	→ trānsferre	hinübertragen, überbringen
trāxī	tractum	→ trahere	ziehen, schleppen
tribuī	tribūtum	→ tribuere	zuteilen
tulī	lātum	→ ferre	bringen, tragen
ūsus sum		→ ūtī	benützen, gebrauchen
vendidī	venditum	→ vendere	verkaufen
vēnī	ventum	→ venīre	kommen (s. Abb.)
veritus sum		→ verērī	scheuen, fürchten; verehren
vertī	versum	→ vertere	wenden, drehen; übersetzen
vetuī	vetitum	→ vetāre	verbieten, verhindern
vīcī	victum	→ vincere	(be)siegen
vīdī	vīsum	→ vidēre	sehen
vīsus sum		→ vidērī	scheinen
vīxī		→ vīvere	leben
voluī		→ velle	wollen

esse; posse; fierī; velle; nōlle; mālle; īre

Indikativ Präsens

	Singular 1. Pers.	2. Pers.	3. Pers.	Plural 1. Pers.	2. Pers.	3. Pers.
esse	sum	es	est	sumus	estis	sunt
posse	possum	potes	potest	possumus	potestis	possunt
fierī	fīo	fīs	fit	fīmus	fītis	fiunt
velle	volō	vīs	vult	volumus	vultis	volunt
nōlle	nōlō	nōn vīs	nōn vult	nōlumus	nōn vultis	nōlunt
mālle	mālō	māvīs	māvult	mālumus	māvultis	mālunt
īre	eō	īs	it	īmus	ītis	eunt

Konjunktiv Präsens

esse	sim	sīs	sit	sīmus	sītis	sint
posse	possim	possīs	possit	possīmus	possītis	possint
fierī	fīam	fīās	fīat	fīāmus	fīātis	fīant
velle	velim	velīs	velit	velīmus	velītis	velint
nōlle	nōlim	nōlīs	nōlit	nōlīmus	nōlītis	nōlint
mālle	mālim	mālīs	mālit	mālīmus	mālītis	mālint
īre	eam	eās	eat	eāmus	eātis	eant

Indikativ Imperfekt

esse	eram	erās	erat	erāmus	erātis	erant
posse	poteram	poterās	poterat	poterāmus	poterātis	poterant
fierī	fīēbam	fīēbās	fīēbat	fīēbāmus	fīēbātis	fīēbant
velle	volēbam	volēbās	volēbat	volēbāmus	volēbātis	volēbant
nōlle	nōlēbam	nōlēbās	nōlēbat	nōlēbāmus	nōlēbātis	nōlēbant
mālle	mālēbam	mālēbās	mālēbat	mālēbāmus	mālēbātis	mālēbant
īre	ībam	ībās	ībat	ībāmus	ībātis	ībant

Konjunktiv Imperfekt

esse	essem	essēs	esset	essēmus	essētis	essent
posse	possem	possēs	posset	possēmus	possētis	possent
fierī	fierem	fierēs	fieret	fierēmus	fierētis	fierent
velle	vellem	vellēs	vellet	vellēmus	vellētis	vellent
nōlle	nōllem	nōllēs	nōllet	nōllēmus	nōllētis	nōllent
mālle	māllem	māllēs	māllet	māllēmus	māllētis	māllent
īre	īrem	īrēs	īret	īrēmus	īrētis	īrent

Futur I

esse	erō	eris	erit	erimus	eritis	erunt
posse	poterō	poteris	poterit	poterimus	poteritis	poterunt
fierī	fīam	fīes	fīet	fīēmus	fīētis	fient
velle	volam	volēs	volet	volēmus	volētis	volent
nōlle	nōlam	nōlēs	nōlet	nōlēmus	nōlētis	nōlent
mālle	mālam	mālēs	mālet	mālēmus	mālētis	mālent
īre	ībō	ībis	ībit	ībimus	ībitis	ībunt

Perfektstämme

Perfektstämme		Imperative Sg.	Pl.	PPA	Gerundium
esse	fu-	es!	este!		
posse	potu-				
fierī	factum esse				
velle	volu-			volēns, -entis	
nōlle	nōlu-	nōlī!	nōlīte!	nōlens, -entis	
mālle	mālu-				
īre	i-	ī!	īte!	iēns, euntis	eundī

Besondere Formen

– Vom Perfektstamm Passiv sind Formen aktivischer Bedeutung gebildet:

		Partizip Futur Aktiv					Infinitiv Futur Aktiv	
Konjugation	a-	vocā	tūrus,	-a,	-um	vocā	tūrum esse
	e-	doc	tūrus,	-a,	-um	doc	tūrum esse
	kons.	lēc	tūrus,	-a,	-um	lēc	tūrum esse
	ĭ-	cupī	tūrus,	-a,	-um	cupī	tūrum esse
	ī-	audī	tūrus,	-a,	-um	audī	tūrum esse

Wiedergabe: vocātūrus »einer, der rufen will/ wird«

– von ferre »tragen« treten einige Formen ohne Bindevokal auf:

2. und 3. Pers. Sg., 2. Pers. Pl. Indikativ Präsens Aktiv:
fers, fert, fertis

2. und 3. Pers. Sg. Indikativ Präsens Passiv:
ferris, fertur

alle Formen des Konjunktivs Imperfekt Aktiv und Passiv:
ferrem, ferrēs, ferret usw. – ferrer, ferrēris, ferrētur usw.

Infinitiv Präsens Aktiv und Passiv:
ferre, ferrī

Imperativ Pl.:
ferte!

Die übrigen Formen des Präsensstamms von ferre zeigen keine Besonderheiten. Zu den Perfektstämmen s. die Übersicht S. 79 ff.

– Einige Verben haben im Imperativ Singular Kurzformen:

dūc!	»führe!«	(dūcere	»führen«)
fac!	»tue!«	(facere	»tun, machen«)
dīc!	»sage!«	(dīcere	»sagen«)
fer!	»trage!«	(ferre	»tragen«)

– Bei der v-Perfektbildung kann -v im Perfektstamm entfallen:

audīvisse:	audīsse	audīveram:	audieram
audīvistī:	audīstī	audīverō:	audierō
audīvērunt:	audiērunt	audīvissem:	audīssem

– Die Personalendung -ris der 2. Pers. Sg. Passiv kann durch die Endung -re ersetzt sein: vocāberis – vocābere »du wirst gerufen werden«.

– Die Personalendung -ērunt der 3. Pers. Pl. Ind. Perf. Akt. kann durch -ēre ersetzt sein: vocāvērunt – vocāvēre »sie riefen/haben gerufen«.

ÜBERSETZUNGSTECHNIK

Richtiges Übersetzen baut auf Formen- und Vokabelkenntnis auf! Es gibt keine Methode des Übersetzens, die allein zum Ziel führt, es gibt auch keine fertigen Rezepte, die für jeden lateinischen Satz in gleicher Weise gelten. Trotzdem können einige Tipps den Zugang zum Übersetzen erleichtern:

– Einfache Sätze mit eindeutigen Formen kann man meistens Wort für Wort in der Reihenfolge der im Text vorkommenden Wörter übersetzen.

Gallia est omnis divisa.	Gallien ist insgesamt geteilt.

– Bei mehrdeutigen Formen wächst erst Schritt für Schritt die richtige Erkenntnis (übrigens auch im Deutschen: Dass die das können!).

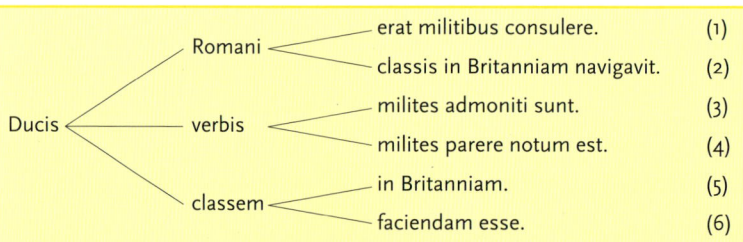

Romani —— erat militibus consulere. (1)
—— classis in Britanniam navigavit. (2)

Ducis —— verbis —— milites admoniti sunt. (3)
—— milites parere notum est. (4)

classem —— in Britanniam. (5)
—— faciendam esse. (6)

1. (Des römischen Befehlshabers Aufgabe war es, für seine Soldaten zu sorgen.)
   Es war Aufgabe des römischen Befehlshabers, für seine Soldaten zu sorgen.

2. (Des römischen Befehlshabers Flotte segelte nach Britannien.)
   Die Flotte des römischen Befehlshabers segelte nach Britannien.

3. (Durch des Befehlshabers Worte wurden die Soldaten ermahnt.)
   Durch die Rede des Befehlshabers wurden die Soldaten ermahnt.

4. (Dass des Befehlshabers Worten die Soldaten gehorchen, ist bekannt.)
   Dass die Soldaten den Anweisungen des Befehlshabers gehorchen, ist bekannt.

5. Du führst die Flotte nach Britannien.

6. Du glaubst, dass eine Flotte gebaut werden muss.

Wenn das Wort-für-Wort-Übersetzen zu keinem sinnvollen Ergebnis führt, empfiehlt es sich, bei langen Satzperioden das Übersetzen durch folgende Vorüberlegungen zu erleichtern:

1. Ist der Satz durch Konnektoren (Konjunktionen, Subjunktionen, gliedernde Adverbien etc.) gegliedert?
2. Lässt sich der Hauptsatz durch Abtrennen der Nebensätze herausarbeiten? Am Anfang eines Nebensatzes stehen in der Regel Konnektoren oder Relativpronomina!
3. Erkenne ich die Verbinformationen (Prädikate, Partizipialkonstruktionen) und die dazu gehörenden Subjekte? Oft ist das Subjekt nur im Prädikat enthalten!
4. Gibt es Wortblöcke (zusammenhängende, aufeinander bezogene Wörter)?
5. Finde ich Objekte, Attribute, Adverbien?

Außer dem Erschließen der Satzstruktur spielt das Erfassen inhaltlicher Zusammenhänge eine wichtige Rolle für das Verstehen. Kenntnisse über römische Kultur und Geschichte können helfen, ein Zwischenergebnis der Texterschließung als richtig zu bestätigen oder als falsch zu entlarven.
Als Faustregel des Übersetzens gilt:

Übersetze so wörtlich wie im Deutschen möglich und so frei wie nötig!

– Beispiel für das Bewältigen einer langen Satzperiode (Caesar, B.G. V 8, 1–2):

His rebus gestis,
Labieno in continenti cum tribus legionibus
et equitum milibus duobus relicto,
ut portus tueretur et rei frumentariae provideret,
quaeque in Gallia gererentur cognosceret
consiliumque pro tempore et pro re caperet,
ipse cum quinque legionibus et pari numero equitum,
quem in continenti reliquerat,
ad solis occasum naves solvit
et leni Africo provectus
media circiter nocte
vento intermisso cursum non tenuit
et longius delatus aestu
orta luce
sub sinistra Britanniam relictam conspexit.

Der Satz beginnt mit zwei Abl. abs. Der erste leitet vom vorigen Kapitel über, der zweite zeigt in Verbindung mit den vier (durch ut eingeleiteten) Finalsätzen, welche Maßnahmen Caesar trifft, um Rückkehr und Nachschub zu sichern.

Der Hauptsatz – durch zwei Participia Coniuncta (provectus und delatus) erweitert – berichtet von Caesars Fahrt nach Britannien: Ablegen vom Ufer (naves solvit), Fahrt (provectus), Abweichen vom Kurs (cursum non tenuit), Erreichen Britanniens, aber abseits vom angesteuerten Ziel (delatus, Britanniam relictam conspexit):

His rebus gestis Labieno in continenti cum tribus legionibus et equitum milibus duobus relicto		
ut portus		tueretur,
et rei frumentariae		provideret,
quaeque in Gallia gererentur		cognosceret,
consiliumque pro tempore et pro re		caperet,
IPSE cum quinque legionibus et pari numero equitum,		
quem in continenti reliquerat,		
ad solis occasum		naves SOLVIT
et leni Africo PROVECTUS		
media circiter nocte vento intermisso		cursum non TENUIT
et longius DELATUS aestu		
orta luce sub sinistra		Britanniam relictam CONSPEXIT.

Die beiden letzten Handlungsschritte sind in sich noch einmal durch Partizipialkonstruktionen näher bestimmt: Zu cursum non tenuit gehört der Abl. abs. vento intermisso, zu Britanniam conspexit der Abl. abs. orta luce, wobei das Objekt Britanniam noch zusätzlich durch das Participium Coniunctum relictam erweitert ist.

LAUTLEHRE, RHETORIK, METRIK

Lateinische Sprache und Schrift

Das Lateinische, die lingua Latīna, wurde ursprünglich in Latium (Rom und Umgebung) gesprochen. Es gehört – wie auch das Griechische und die meisten Sprachen Europas – zur indoeuropäischen Sprachfamilie. Mit den römischen Eroberungen verbreitete es sich über weite Teile Europas und der Mittelmeerwelt.

Aus der spätantiken lateinischen Umgangssprache entwickelten sich die romanischen Sprachen (Französisch, Italienisch, Portugiesisch, Rätoromanisch, Rumänisch, Spanisch). Im Mittelalter wurde Latein zur Kommunikationssprache der Kirche und der Gelehrten. Noch im 17. Jh. war der Großteil der Neuerscheinungen auf der Leipziger Buchmesse in Latein verfasst.

Die meisten lateinischen Autoren, die in der Schule gelesen werden, schreiben das sog. Klassische Latein (1. Jh. v.–1. Jh. n. Chr.). Daran ist unsere Grammatik ausgerichtet.

Das lateinische Alphabet (aus dem Griechischen abgeleitet) wurde von den meisten Staaten der Erde übernommen.

A B C D E F G H I K L M N O P Q R S T V X Y Z

Die Buchstaben J und W gab es im antiken lateinischen Alphabet nicht. Die Römer schrieben nur in Großbuchstaben (Majuskeln) ohne Worttrennung und ohne Satzzeichen: ERRAREHVMANVMEST. V und U wurden nicht unterschieden. Erst später entwickelten sich aus den Majuskeln die kleinen Buchstaben, die Minuskeln.

In unseren heutigen Texten werden alle lateinischen Wörter klein geschrieben.

Ausnahmen: Namen (Rōmulus et Remus), aus ihnen abgeleitete Adjektive (imperium Rōmānum) und jeweils das erste Wort im Satz nach einem Satzschlusszeichen.

Die häufigsten Abkürzungen finden sich bei römischen Vornamen:

A. = Aulus, Ap. = Appius, C. = Gaius, Cn. = Gnaeus, D. = Decimus,
L. = Lūcius, M. = Mārcus, M'. = Mānius, P. = Pūblius, Q. = Quīntus,
Ser. = Servius, Sex. = Sextus, T. = Titus, Ti. = Tiberius

Ferner werden häufig wiederkehrende Begriffe der römischen Amtssprache und des römischen Kalenders abgekürzt:

Cos. = cōnsul, Coss. = cōnsulēs, S.C. = senātūs cōnsultum,
S.P.Q.R. = senātus populusque Rōmānus, a.u.c. = ab urbe conditā,
Kal. = Kalendae, Id. = Īdūs, Non. = Nōnae, a.d. = ante diem (s. S. 93)

Aussprache

Latein wird fast immer so gesprochen wie geschrieben; nur wenige Besonderheiten sind zu beachten:
ae wie ä oder a e (Caesar), c wie k (Cicero)[1], ch wie ch oder k (pulcher), i vor Vokal wie j (Iūnō), v wie w (vīlla, vallum), st und sp als st und sp (stāre, spectāre), nicht als scht bzw. schp, s immer stimmlos wie in »Flüsse«.

[1] *Das ist die in den Schulen am weitesten verbreitete Aussprache. Im 1.Jh.v.Chr. wurde c wie k gesprochen und ae wie ai; später änderte sich die Aussprache: c wurde wie z ausgesprochen und ae wie ä, ti wird von manchen als ti, von manchen in bestimmten Kombinationen (z. B. bei nātio) als zi ausgesprochen.*

Betonung

Zweisilbige Wörter werden auf der ersten Silbe betont: Rṓma, Wörter mit drei und mehr Silben auf der vorletzten, wenn sie lang ist: imperā́tor Rōmā́nus, auf der drittletzten, wenn die vorletzte kurz ist: impḗrium, Germā́nia.

Bei angehängtem -que, -ne und -ve wird die Silbe davor betont: senātus populū́sque Rōmānus.

Lange Silben haben lange Vokale oder Diphthonge (Doppelvokale). Ferner gilt eine Silbe als lang, wenn auf einen kurzen Vokal zwei oder mehr Konsonanten folgen (fortā́sse, nōnnū́mquam) (Positionslänge).

Die Lehr- und Wörterbücher kennzeichnen lange Vokale durch einen Längsstrich über den Buchstaben (z. B. mā́gnus).

Rhetorik – Stil

Die Rhetorik (systematische Vermittlung der Redekunst) war für die Römer insbesondere in der Politik und vor Gericht wichtig. Auf Rednerschulen erworben, diente die Rhetorik oft als Sprungbrett für eine politische Karriere. Aber auch in der Literatur sorgten rhetorische Elemente als sprachliche Ausdrucksmittel für Abwechslung, Wirkung und Individualität und waren somit stilprägend.

Die wichtigsten Stilmittel literarischer Sprachgestaltung sind folgende:

Alliteration: mehrere aufeinander folgende Wörter beginnen mit demselben Anlaut (vēnī, vīdī, vīcī)

Anapher: Wiederholung eines oder mehrerer Wörter am Anfang aufeinander folgender Sätze oder Satzteile (Nihilne tē nocturnum praesidium, nihil urbis vigiliae, nihil timor populī, nihil concursus omnium movērunt?)

Antithese: Gegenüberstellung gegensätzlicher Begriffe oder Gedanken (... nec prōsunt dominō, quae prōsunt omnibus)

Asyndeton: Aneinanderreihung ohne Konjunktion (vēnī, vīdī, vīcī)

Chiasmus: Kreuzstellung (griechisches X) a b b a (satis ēloquentiae, sapientiae parum)

Ellipse: Auslassung eines Wortes oder Satzteils (Rōma locūta, causa fīnīta)

Hendiadyoin: Verwendung zweier in ihrer Bedeutung gleicher oder ähnlicher lateinischer Wörter zum Ausdruck eines Sachverhaltes; Wiedergabe durch einen verstärkten deutschen Ausdruck (spēs et fidūcia zuversichtliche Hoffnung; cupere et optāre sehnlich wünschen)

Hyperbaton: syntaktisch zusammengehörende Wörter werden getrennt (Videant cōnsulēs, nē quid rēs pūblica dētrīmentī capiat.)

Klimax: Aufzählung mit einer Steigerung (excessit, ēvāsit, ērūpit)

Litotes: Hervorhebung durch doppelte Verneinung (haud rārō/nōn īgnōrāre)

Metapher: bildlicher Ausdruck (corpus reī pūblicae/nāvis reī pūblicae)

Metonymie: Ersatz eines Begriffs durch einen anderen, der ihm gedanklich verwandt ist (mortālēs für hominēs)

Oxymoron: Verbindung sich scheinbar ausschließender Begriffe (Cum tacent, clāmant.)

Parallelismus: gleiche Stellung entsprechender Satzteile (pauca respondit, multa praedicāvit)

Metrik

Die Lektüre lateinischer Dichtung beschränkt sich heute in der Regel auf wenige Dichter. Daher werden hier nur der daktylische Hexameter und der daktylische Pentameter vorgestellt. Die komplizierteren lyrischen Versarten (etwa bei Catull und Horaz) sind in den jeweiligen Textausgaben erklärt.
Beim Lesen lateinischer Verse müssen Längen und Kürzen eines Wortes streng beachtet werden. Sie können für die Übersetzung eine wertvolle Hilfe sein (z. B. langes ā oder kurzes a, lange oder kurze -is- oder -us-Endung).
Anders als im Deutschen, wo immer der Wortakzent beibehalten wird, lässt im Lateinischen das Metrum auch eine Betonung gegen den Wortakzent zu.

Hexameter

Út dēsínt vīrés, tamen ést laudánda volúntās (s. auch S. 64, Anm. 2).
Fünf vollständige und ein unvollständiger Daktylus bilden den daktylischen Hexameter:

Schema: ⏑̆ ⏑⏑   ⏑̆ ⏑⏑   ⏑̆ ⏑⏑   ⏑̆ ⏑⏑   ⏑̆ ⏑⏑   ⏑̆ ⏑
     1.   2.   3.   4.   5.   6.

Die zwei Kürzen können in den ersten vier Daktylen jeweils durch eine Länge ersetzt werden.
Statt eines Daktylus ⏑̆ ⏑⏑ erscheint dann ein Spondeus ⏑̆ —.
Die letzte Silbe ist anceps (lang oder kurz).
Sinneinschnitte, sog. Zäsuren, lassen den Vers abwechslungsreich erscheinen. Die häufigsten Zäsuren finden sich nach dem 3. (Trithemimerés), nach dem 5. (Penthemimerés) und nach dem 7. (Hephthemimerés) Halbversfuß; den Einschnitt nach dem 4. Versfuß nennt man eine bukolische Dihärese.

Pentameter

Der Pentameter besteht aus 2 x 2½ Daktylen.

Schema: ⏑̆ ⏑⏑   ⏑̆ ⏑⏑   ⏑̆   ⏑̆ ⏑⏑   ⏑̆ ⏑⏑   ⏑̆

Der Pentameter steht nie allein. Meist bildet er mit einem Hexameter ein Distichon (Zweizeiler):

Díc, hospés, Spartáe nōs tē híc vīdísse iacéntēs,
     dúm sānctís patriaé légĭbus óbsequimúr.

Man vermeidet das Aufeinandertreffen von aus- und anlautendem Vokal (poéna metúsque aberánt), von auslautendem Vokal + m vor Vokal (... peregrínum ut víseret órbem) und von auslautendem Vokal vor h (... nōs tē híc vīdísse iacéntēs) (Hiatvermeidung) durch Elision (Ausstoßung) des auslautenden Vokals.

ANHANG

Der römische Kalender

Weil der Kalender zunächst ein Mond-Kalender war, wurde die Monatsdauer nach dem Mondumlauf gemessen. Da diese Jahreseinteilung von insgesamt 355 Tagen vom Sonnenjahr um gut 10 Tage abwich, legten die *pontifices* von Zeit zu Zeit Schaltmonate fest. Doch auch auf diese Weise erzielten sie keine Übereinstimmung mit dem Sonnenjahr. Eine durchgreifende Verbesserung führte erst C. Iulius Caesar herbei … Dieser julianische Kalender ist durch Papst Gregor XIII. 1582 noch geringfügig verbessert worden. (...)

Der julianische Kalender. Der 1. Tag eines jeden Monats hieß Kalendae, der 5. Nonae, der 13. Tag Idus. In den Monaten **M**ärz, **M**ai, **J**uli, **O**ktober (Merkspruch: MILMO) waren dies der 7. und der 15. Tag. Da die Römer die Kalenden, Nonen und Iden bei der Berechnung der Tage, die diesen vorausgingen, mitzählten (ante diem = a.d.), ergibt sich folgende Tagesangabe: a.d. VI Kalendas Apriles = 27. März.

	Martius, Maius, Iulius, October		Ianuarius, Augustus, December		Aprilis, Iunius, September, November		Februarius	
1.	Kalendis Ianuariis etc.							
2.	a.d. VI		a.d. IV					
3.	a.d. V	Nonas	a.d. III	Nonas Ianuarias etc.				
4.	a.d. IV	Martias	pridie					
5.	a.d. III	etc.	Nonis Ianuariis etc.					
6.	pridie		a.d. VIII					
7.	Nonis Martiis etc.		a.d. VII					
8.	a.d. VIII		a.d. VI					
9.	a.d. VII		a.d. V	Idus Ianuarias etc.				
10.	a.d. VI	Idus	a.d. IV					
11.	a.d. V	Martias	a.d. III					
12.	a.d. IV	etc.	pridie					
13.	a.d. III		Idibus Ianuariis etc.					
14.	pridie		a.d. XIX		a.d. XVIII		a.d. XVI	
15.	Idibus Martiis etc.		a.d. XVIII		a.d. XVII		a.d. XV	
16.	a.d. XVII		a.d. XVII		a.d. XVI		a.d. XIV	
17.	a.d. XVI		a.d. XVI		a.d. XV		a.d. XIII	Kalendas
18.	a.d. XV		a.d. XV		a.d. XIV		a.d. XII	Martias
19.	a.d. XIV		a.d. XIV		a.d. XIII	Kalendas	a.d. XI	
20.	a.d. XIII		a.d. XIII		a.d. XII	Maias	a.d. X	
21.	a.d. XII	Kalendas	a.d. XII	Kalendas	a.d. XI	(Iulias,	a.d. IX	
22.	a.d. XI	Apriles	a.d. XI	Februarias	a.d. X	Octobres,	a.d. VIII	
23.	a.d. X	(Iunias,	a.d. X	(Septembres,	a.d. IX	Decembres)	a.d. VII	
24.	a.d. IX	Augustas,	a.d. IX	Ianuarias)	a.d. VIII		a.d. VI	
25.	a.d. VIII	Novembres)	a.d. VIII		a.d. VII		a.d. V	
26.	a.d. VII		a.d. VII		a.d. VI		a.d. IV	
27.	a.d. VI		a.d. VI		a.d. V		a.d. III	
28.	a.d. V		a.d. V		a.d. IV		pridie	
29.	a.d. IV		a.d. IV		a.d. III			
30.	a.d. III		a.d. III		pridie			
31.	pridie		pridie					

Wortformen/Wortfolgen und ihre Verwendung im Satz

Form

Nominativ eines Nomens
(Substantiv, Adjektiv,
Pronomen, Numerale,
Partizip)
Infinitiv
AcI
NcI
indirekter Fragesatz
Subjunktionalsatz
Relativsatz

verwendet als Subjekt

Form

Finite Form
– eines Vollverbs
– eines Hilfsverbs/kopulativen Vollverbs
  + Prädikatsnomen im Nom.
– eines Vollverbs + Prädikativum
– von esse + Nomen im Gen.
        – des Besitzers
        – der Wertschätzung
– von esse + Nomen im Dativ
        – des Zwecks
        – des Besitzers
– von esse + Nomen im
  Abl. d. Eigenschaft

verwendet als Prädikat

Form

Genitiv ⎫
Dativ ⎪
         ⎬ eines Nomens
Akkusativ ⎪
Ablativ ⎭

Präpositionalausdruck
Infinitiv
AcI
indirekter Fragesatz
Subjunktionalsatz
Relativsatz

verwendet als Objekt

Form

Adjektiv ⎫ in KNG-
Gerundivum ⎪ Kongruenz
Pronomen ⎬ zu einem
Numerale ⎪ Bezugswort
Partizip ⎭

Substantiv
– als Apposition
– im Genitiv
– im Ablativ der Eigenschaft
Gerundium im Genitiv
Relativsatz

verwendet als Attribut

Form

Adverb

Nomen im Akkusativ bei
– Richtungs- und Zeitangaben

Nomen im Ablativ
– der Trennung
– des Mittels
– der Art und Weise
– des Grundes
– der Beziehung
– des Unterschieds bei Maßangaben
– des Ortes
– der Zeit
– des Vergleichs

Adjektiv im Genitiv
– der Wertschätzung
Präpositionalausdruck
Gerundium im Ablativ
Gerundivum mit Bezugswort im Abl.
Subjunktionalsatz
konjunktivischer Relativsatz
Ablativus absolutus

verwendet als Adverbiale

Lösungen: Ablativ (S. 33)

I. Erkennen

in consulatu sexto et septimo, ex mea potestate, pro eo merito, senatus consulto, laureis, in curia Iulia, auctoritate, nihilo, ceteris, tertio decimo consulatu, consensu omnium

II. Bestimmen

in consulatu (*u-Dekl.*) sexto et septimo (*o-Dekl.*): *Sg.*

ex mea (*a-Dekl.*) potestate (*3. Dekl.*): *Sg.*

pro eo (*o-Dekl.*) merito (*o-Dekl.*): *Sg.*

consulto (*o-Dekl.*): *Sg.*

laureis (*a-Dekl.*): *Pl.*

in curia (*a-Dekl.*) Iulia (*a-Dekl.*): *Sg.*

auctoritate (*3. Dekl.*): *Sg.*

nihilo (*o-Dekl.*): *Sg.*

ceteris (*o-Dekl.*): *Pl.*

tertio decimo (*o-Dekl.*) consulatu (*u-Dekl.*): *Sg.*

consensu (*u-Dekl.*): *Sg.*

III. Übersetzen

Satz 1: Im sechsten und siebten Konsulat übertrug ich die Staatsführung aus meiner Amtsgewalt in die Entscheidungsgewalt des Senats und des römischen Volkes.

Satz 2: Für dieses Verdienst wurde ich durch einen Senatsbeschluss »Augustus« (der Erhabene) genannt, mein Haus wurde mit Lorbeerbäumchen geschmückt, die Bürgerkrone wurde über meiner Haustür befestigt und ein goldener Schild wurde in der Curia Iulia aufgestellt.

Satz 3: Nach dieser Zeit übertraf ich alle an Ansehen, Amtsgewalt hatte ich jedoch in keinem höheren Maße als die übrigen.

Satz 4: Als ich das dreizehnte Konsulat ausübte, wurde ich mit Übereinstimmung aller »Vater des Vaterlandes« genannt.

IV. Verstehen

in consulatu sexto et septimo: *Abl. temporis (Wann?)*

ex mea potestate: *Abl. separativus (Von wo? Woher?)*

pro eo merito: *Abl. causae (Wofür? Aus welchem Grund?)*

consulto: Abl. modi/instrumentalis (Wie? Auf welche Weise?/Womit?)

laureis: instrumentalis (Womit?)

in curia Iulia: Abl. loci (Wo?)

auctoritate : Abl. limitationis (In welcher Beziehung?)

nihilo: Abl. mensurae (Um wieviel?)

ceteris: Abl. comparationis (Im Vergleich zu wem?)

tertio decimo consulatu: Ablativ als Objekt mit instrumenalem Sinn zu fungi (Was übte ich aus?)

consensu: Abl. modi (Wie? Auf welche Weise?)

Lösungen: AcI/NcI (S. 34)

I. Erkennen

a affirmaverunt se … amare et … velle; eos … ponere putabat; sperabat se … prohibiturum esse; filias iussit … necare; omnes … interfectos esse notum est

b filii … *iter* … fecisse feruntur; Danaides … *poenas* dedisse traduntur

II. Bestimmen

a *Gegenwart:* feruntur, notum est, traduntur
Vergangenheit: affirmaverunt, putabat, sperabat, iussit

b amare et velle: *Inf. Präs. Akt. (Gleichzeitigkeit)*
ponere: *Inf. Präs. Akt. (Gleichzeitigkeit)*
prohibiturum esse: *Inf. Fut. Akt. (Nachzeitigkeit)*
fecisse: *Inf. Perf. Akt. (Vorzeitigkeit)*
necare: *Inf. Präs. Akt. (Gleichzeitigkeit)*
interfectos esse: *Inf. Perf. Pass. (Vorzeitigkeit)*
dedisse: *Inf. Perf. Akt. (Vorzeitigkeit)*

III. Übersetzen

a *Satz 3:* Aliquando filii Aegypti ad Danaum venerunt et affirmaverunt se filias eius acriter amare et in matrimonium ducere velle. Einst kamen die Söhne des Aegyptus zu Danaus und versicherten, dass sie seine Töchter sehr liebten und heiraten wollten.

Einst kamen die Söhne des Aegyptus zu Danaus und versicherten, sie liebten seine Töchter sehr und wollten sie heiraten.

Satz 4: Danaus autem eos spem in divitiis suis ponere putabat.

Danaus aber glaubte, dass sie es auf seinen Reichtum abgesehen hätten.

Danaus aber glaubte, sie hätten es auf seinen Reichtum abgesehen.

b *Satz 5:* Itaque cum puellis in Graeciam fugit, quod sperabat se hoc modo filias a matrimonio prohibiturum esse.

Deshalb floh er mit den Mädchen nach Griechenland, weil er hoffte, dass er auf diese Weise die Töchter vor der Ehe bewahren werde.

Satz 7: Tum demum Danaus nuptias concessit, sed filias iussit adulescentes inter nuptias necare.

Dann endlich erlaubte Danaus die Hochzeit, aber er befahl seinen Töchtern, die jungen Männer während der Hochzeit zu töten.

Satz 8: Omnes praeter unum interfectos esse notum est.

Es ist bekannt, dass alle außer einem getötet worden sind.

c *Satz 6:* Sed filii etiam iter in Graeciam fecisse feruntur.

Aber es wird berichtet/man berichtet, dass die Söhne ebenfalls nach Griechenland gereist sind.

Aber die Söhne sollen ebenfalls nach Griechenland gereist sein.

Satz 9: Hoc facinus a deis cognitum est. Danaides autem maximas poenas dedisse traduntur.

Diese Tat wurde von den Göttern bemerkt. Die Danaiden aber, so wird überliefert, mussten schwerste Strafen erleiden.

Diese Tat wurde von den Göttern bemerkt. Die Danaiden aber sollen schwerste Strafen erlitten haben.

IV. Verstehen

a *AcI:* Verben des Sagens und Behauptens (affirmare), Verben des Glaubens und Meinens (putare), Verben des Hoffens (sperare), bestimmte Verben des Befehlens (iubere), unpersönliche Ausdrücke (notum est) sowie Verben der Gemütsbewegung (gaudere), Verben des Wissens (scire) und der Wahrnehmung (videre)

NcI: Verben des Berichtens und Sagens (ferri, tradi, dici) sowie Verben des Glaubens und Meinens (putari), Verben des Befehlens (iuberi) und des Scheinens (videri) – Besonderheit: Beim NcI stehen die übergeordneten Prädikate immer im Passiv.

b *AcI:* Subjekt bei allen unpersönlichen Ausdrücken, Objekt bei den übrigen Verben

c Im 3. Satz ist das Reflexivpronomen *se* als Subjektsakkusativ im AcI verwendet, weil es sich auf das Subjekt des übergeordneten Satzes (filii Aegypti) bezieht.

Im 4. Satz ist das nichtreflexive Personalpronomen *eos* als Subjektsakkusativ im AcI verwendet, weil das Subjekt des AcI die Söhne sind und im übergeordneten Satz Danaus als Subjekt auftritt.

d zu III a: Beide Varianten sind in gutem Deutsch formuliert, sprachlich gewandter sind die Formulierungen ohne dass-Satz.

zu III c: Die Sätze mit »sollen« klingen eleganter; die Verwendung der passivischen Formulierungen wirkt umständlich und ist weniger geläufig.

Lösungen: Participium Coniunctum (S. 41)

I. Erkennen

a *Hauptsatz-Prädikate:*
iussit – adiit – coniecit – deduxit – cupio – inquit – concessit – noluit – reduxit – egit – debuit

Nebensatz-Prädikat:
violati erant

b Mors ... erepta
Sisyphus ... flens
uxorem ... desiderantem
regi oranti
illum resistentem
Sisyphus ... affectus
saxum ... devolutum

II. Bestimmen

a *Gegenwart:* cupio
Vergangenheit: alle übrigen Verbformen

b erepta: *PPP Nom. Sg. f. – vorzeitig*
flens: *PPA Nom. Sg. m. – gleichzeitig*
desiderantem: *PPA Akk. Sg. f. – gleichzeitig*
oranti: *PPA Dat. Sg. m. – gleichzeitig*
resistentem: *PPA Akk. Sg. m. – gleichzeitig*
affectus: *PPP Nom. Sg. m. – vorzeitig*
devolutum: *PPP Akk. Sg. n. – vorzeitig*

III. Übersetzen

a *Satz 6:* Pluto regi oranti reditum ad superos concessit.
1. Pluto gestattete dem bittenden König die Rückkehr auf die Oberwelt. (*Partizip*)
2. Pluto gestattete dem König, der ihn darum bat, die Rückkehr auf die Oberwelt. (*Relativsatz*)
3. Pluto gestattete dem König die Rückkehr auf die Oberwelt, als/weil er ihn darum bat. (*Adverbialsatz, temporal und kausal*)
4. Pluto gestattete dem König auf seine Bitte hin die Rückkehr auf die Oberwelt. (*präpositionaler Ausdruck*)

Satz 8: Ibi Sisyphus poena gravi affectus vitam miseram egit.
1. Dort führte Sisyphus, der mit einer schweren Strafe belegt worden war (der schwer bestraft worden war), ein elendes Leben. (*Relativsatz*)
2. Dort führte Sisyphus, mit einer schweren Strafe belegt, ein elendes Leben. (*Partizip*)
3. Dort führte Sisyphus ein elendes Leben, weil/nachdem er mit einer schweren Strafe belegt worden war. (*Adverbialsatz, kausal und temporal*)
4. Dort führte Sisyphus wegen/nach (der Belegung mit) einer schweren Strafe ein elendes Leben. (*präpositionaler Ausdruck*)
5. Dort wurde Sisyphus mit einer schweren Strafe belegt; (und) deshalb/danach führte er ein elendes Leben. (*zwei durch eine Konjunktion verbundene Hauptsätze*)
6. Dort führte Sisyphus ein elendes Leben; denn er war hart bestraft worden. (*zwei durch eine Konjunktion verbundene Hauptsätze*)

b *Satz 3:* Denique Mors a Marte e vinculis erepta Sisyphum ad inferos deduxit.
1. Nachdem der Tod durch Mars von den Fesseln befreit worden war, führte er Sisyphus schließlich in die Unterwelt hinab. (*temporal/vorzeitig*)
2. Weil der Tod durch Mars von den Fesseln befreit worden war, führte er Sisyphus schließlich in die Unterwelt hinab. (*kausal/vorzeitig*)

Satz 4: Sisyphus autem flens ... inquit.
1. Sisyphus aber sagte, wobei er weinte/unter Tränen. (*modal*)
2. Sisyphus sagte aber weinend/während er weinte. (*temporal/gleichzeitig*)

IV. Verstehen

a *Satz 6:* Variante 4 bietet die beste Übertragung in ein modernes Deutsch.
Satz 8: Varianten 3 und 5 erscheinen am besten, weil sie den Kausalzusammenhang zwischen der Strafe und der Folge, nämlich dem elenden Leben, am deutlichsten zeigen.

b *Satz 3:* Variante 1 erscheint am besten, weil im Satz die zeitliche Abfolge der Handlungen besonders betont ist.
Satz 4: Da Sisyphus unter Tränen spricht, sind beide Sinnrichtungen gleichermaßen geeignet: Die Handlungen finden zur gleichen Zeit statt und das PPA erläutert den Zustand des Bittenden beim Sprechen. Stilistisch ist die Wendung »unter Tränen« am elegantesten.

Lösungen: Ablativus absolutus (S. 42)

I. Erkennen

a deis cenantibus – arcanis … proditis – Tantalo … cenante

b Iove auctore

II. Bestimmen

a cenantibus: *Partizip der Gleichzeitigkeit (PPA) Pl. m. gleichzeitig*
proditis: *Partizip der Vorzeitigkeit (PPP) Pl. n. vorzeitig*
cenante: *Partizip der Gleichzeitigkeit (PPA) Sg. m. gleichzeitig*

b Substantiv Sg. m.

III. Übersetzen

a *Satz 2:* Aliquando deis cenantibus nectar ambrosiamque dolo rapuit et inter homines distribuit.
 1. Während/Als die Götter speisten, raubte er einmal mit einer List den Göttertrank und die Götterspeise und verteilte sie unter den Menschen. (*Adverbialsatz, temporal*)
 2. Während eines Göttermahls raubte er einmal mit einer List den Göttertrank und die Götterspeise und verteilte sie unter den Menschen. (*präpositionaler Ausdruck*)
 3. Die Götter speisten; und währenddessen raubte Tantalus einmal mit einer List den Göttertrank und die Götterspeise und verteilte sie unter den Menschen. (*zwei durch eine Konjunktion verbundene Hauptsätze*)
 Satz 3: Arcanis deorum proditis Tantalus etiam sapientiam eorum probavit.
 1. Nachdem Geheimnisse der Götter (von ihm) verraten worden waren/er Geheimnisse der Götter verraten hatte, prüfte Tantalus sogar deren Weisheit. (*Adverbialsatz, temporal*)
 2. Nach dem Verrat von Geheimnissen der Götter prüfte Tantalus sogar deren Weisheit. (*präpositionaler Ausdruck*)

 3. Tantalus verriet Geheimnisse der Götter; und danach prüfte er sogar deren Weisheit. (*zwei durch eine Konjunktion verbundene Hauptsätze*)

b *Satz 5:* Dei autem Tantalo cum eis cenante fraudem animadverterunt et carne filii abstinuerunt.
 1. Die Götter aber bemerkten, während Tantalus zusammen mit ihnen speiste, den Betrug und aßen nicht von dem Fleisch des Sohnes. (*temporal, gleichzeitig*)
 2. Die Götter aber bemerkten, obwohl Tantalus zusammen mit ihnen speiste, den Betrug und aßen nicht von dem Fleisch des Sohnes. (*konzessiv, gleichzeitig*)
 Satz 7: Iove auctore siti fameque semper vexabatur.
 1. Auf Veranlassung Jupiters wurde er immer von Durst und Hunger gequält. (*modal*)
 2. Weil Jupiter dies veranlasst hatte, wurde er immer von Durst und Hunger gequält. (*kausal*)

IV. Verstehen

a *Satz 2:* Variante 2 bietet die kürzeste und beste Übertragung in modernes Deutsch.
 Satz 3: Variante 1 mit der Umformulierung ins Aktiv bietet die geläufigste Wiedergabe in der deutschen Schriftsprache.

b *Satz 5:* Die konzessive Sinnrichtung (Variante 2) passt am besten, da in der persönlichen Teilnahme des Tantalus an dem Mahl ein Gegengrund vorliegt, der die Götter hätte dazu veranlassen können, gar nicht auf den Gedanken zu kommen, dass Tantalus etwas im Schilde führt.
 Satz 7: Beide Sinnrichtungen sind gleichermaßen geeignet, weil sie den Zusammenhang zwischen Urheber und Wirkung erkennen lassen.

Lösungen: Gerundium (S. 47)

I. Erkennen

a cohortandi causa, pugnandi, proelium committendi, ad pugnandum, maximam virtutem praestando, acriter dimicando

b ad arma induenda

II. Bestimmen

a *Genitiv:* cohortandi, pugnandi, committendi
Akkusativ (mit Präposition): ad pugnandum
Ablativ: praestando, dimicando

b proelium (*Akkusativobjekt*) committendi, maximam virtutem (*Akkusativobjekt mit adjektivischem Attribut*) praestando, acriter (*Adverbiale der Art und Weise*) dimicando
In den Wortblöcken *cohortandi causa* und *ad pugnandum* steht das Gerundium jeweils in Verbindung mit einer Präposition und bildet zusammen mit ihr eine adverbiale Bestimmung.

III. Übersetzen

a *Satz 1:* Caesar instructo exercitu cohortandi causa milites allocutus est.
Nachdem Caesar das Heer aufgestellt hatte, hielt er eine Ansprache an die Soldaten, um sie anzufeuern.
Satz 3: Tum Caesar proelium committendi signum dedit.
Dann gab Caesar das Zeichen, den Kampf zu beginnen.
Satz 4: Animus autem hostium tam paratus ad pugnandum fuit, ut tempus ad arma induenda defuerit.
Die Einstellung der Feinde jedoch war so auf das Kämpfen ausgerichtet, dass keine Zeit zum Anlegen der Waffen blieb./Die Feinde jedoch waren so bereit zu kämpfen, dass keine Zeit blieb, die Waffen anzulegen.
Beim ersten Satz ist der Infinitivsatz mit »um zu« (finaler Sinn) verwendet, beim dritten und vierten Satz ist die Wiedergabe durch den deutschen Infinitiv mit »zu« gewählt.

b *Satz 6:* Postremo Caesar ipse suis laborantibus in primam aciem processit, ut militibus maximam virtutem praestando spem salutis restitueret.
Zuletzt stürmte Caesar persönlich, als seine Leute in Bedrängnis gerieten, in die erste Schlachtreihe vor, um den Soldaten durch das Zeigen größter Tapferkeit die Hoffnung auf Rettung zurückzugeben.
Zuletzt stürmte Caesar persönlich, weil seine Leute in Bedrängnis gerieten, in die erste Schlachtreihe vor, um den Soldaten dadurch, dass er größte Tapferkeit zeigte, die Hoffnung auf Rettung zurückzugeben.
Satz 7: Denique milites Romani acriter dimicando plerosque hostium interfecerunt.
Schließlich töteten die römischen Soldaten durch heftiges Kämpfen die meisten der Feinde.
Schließlich töteten die römischen Soldaten dadurch, dass sie heftig kämpften, die meisten der Feinde.
In beiden Sätzen ist als erste Variante ein Präpositionalausdruck mit substantiviertem Infinitiv, als zweite Möglichkeit ein modaler Adverbialsatz gewählt.

IV. Verstehen

a Gerundien werden von Verben gebildet, übernehmen aber im Satz die Rolle von Substantiven. Wie Verben können sie weitere Satzglieder als Ergänzung bzw. Erweiterung bei sich haben. Wie Substantive treten sie in verschiedenen Kasus auf und werden daher auch als deklinierter Infinitiv bezeichnet.

b Im Nominativ und Akkusativ ohne Präposition wird der Infinitiv Präsens verwendet.

Lösungen: Gerundivum (S. 48)

I. Erkennen

a ad loca cognoscenda, navium parandarum causa, naves ... contrahendas (curavit), desiliendum et ... consistendum et ... pugnandum est, quas naves non relinquendas, sed reficiendas esse (censuit)

b impetum ... faciendo, ad navigandum

II. Bestimmen

a ad loca cognoscenda: *Akk. Pl. n.*
navium parandarum causa: *Gen. Pl. f.*
naves ... contrahendas (curavit): *Akk. Pl. f.*
desiliendum et ... consistendum et ... pugnandum est: *Nom. Sg. n.*
quas naves non relinquendas, sed reficiendas esse (censuit): *Akk. Pl. f.*

b *attributiv:* ad loca cognoscenda, navium parandarum causa
prädikativ: naves ... contrahendas (curavit)
als Prädikatsnomen: desiliendum et ... consistendum et ... pugnandum est; quas naves non relinquendas, sed reficiendas esse

III. Übersetzen

a *Satz 1:* Caesar, quod celeriter in Britanniam proficisci in animo habuit, ad loca cognoscenda C. Volusenum praemisit.
Weil Caesar vorhatte, schnell nach Britannien aufzubrechen, schickte er C. Volusenus zur Erkundung des Geländes voraus.
Satz 3: Naves circiter octoginta contrahendas curavit.
Er ließ ungefähr 80 Schiffe zusammenziehen.

b *Satz 6:* Itaque militibus Romanis simul et de navibus desiliendum et in fluctibus consistendum et cum hostibus pugnandum est.
Deshalb mussten die römischen Soldaten gleichzeitig von den Schiffen herabspringen, in den Fluten festen Halt gewinnen und mit den Feinden kämpfen.

Deshalb stellte sich für die römischen Soldaten die Aufgabe, gleichzeitig von den Schiffen herabzuspringen, in den Fluten festen Halt zu gewinnen und mit den Feinden zu kämpfen.
Die handelnden Personen stehen im dativus auctoris.
Satz 9: Quas naves non relinquendas, sed reficiendas esse Caesar censuit.
Caesar vertrat die Meinung, dass diese Schiffe nicht aufgegeben werden dürften, sondern repariert werden sollten/müssten.
Caesar vertrat die Meinung, man dürfe die Schiffe nicht aufgeben, sondern müsse sie reparieren.

IV. Verstehen

a Gerundiva werden von Verben gebildet, verhalten sich jedoch wie Adjektive, da sie immer in KNG-Kongruenz zu einem Bezugswort stehen und alle Endungen der Adjektive der a- und o-Deklination aufweisen können.

b In Verbindung mit *esse* drückt das Gerundivum aus, dass etwas getan werden muss (Notwendigkeit, Zwang) bzw. – wenn es verneint ist – nicht getan werden darf (Verbot). Es kann ins Deutsche mit den Modalverben »müssen« bzw. »nicht dürfen« übersetzt werden.

Zu den Fotos und Rekonstruktionszeichnungen

S. 11: Forum Romanum; Ausschnitt aus einer Rekonstruktionszeichnung

S. 12: Gladiatorenkampf; Mosaik aus der röm. Villa in Nennig (Saarland)

S. 13: Forum Romanum: Ausschnitt aus einer Rekonstruktionszeichnung

S. 14: Rekonstruktionsskizze des Athens der klassischen Zeit (5. Jh. v. Chr.)

S. 15: Parthenontempel auf der Akropolis in Athen, Westgiebel; 1996

S. 16: Erechtheiontempel auf der Akropolis in Athen (Ausschnitt); 1995/96

S. 17: Der »Schiefe Turm« in Pisa (Baubeginn 12. Jh.)

S. 18: Römischer Denar, der Caesars Sieg über die Gallier darstellt

S. 19: Minerva, von den Römern als Göttin des Verstandes und der Geschicklichkeit verehrt; Schüler, Künstler, Lehrer und Ärzte baten sie um Hilfe. Röm. Bronzestatuette der Göttin (Antikensammlung Berlin)

S. 20: Szene aus dem Leben eines Kindes; römisches Relief (3. Jh. n. Chr.)

S. 21: Antike Porträtbüste der Kleopatra (Antikensammlung Berlin)

S. 22: Gaius Iulius Caesar, Porträtbüste (um 20 v. Chr.)

S. 24: »Römische Soldaten« auf dem Marsch; moderne Nachgestaltung auf der Römerstraße bei Brixen 1985

S. 25: Cicero hält vor dem römischen Senat eine Rede gegen Catilina; Fresko von C. Maccari (19. Jh.)

S. 27: Antike Porträtstatue des Kaisers Hadrian

S. 28: Die villa Tiburtina des Kaisers Hadrian bei Tibur (heute Tivoli); Blick auf das mit Statuen und anderen Kunstwerken geschmückte Wasserbecken

S. 29: Kopf einer griech. Statue, die beim Kap Artemision gefunden wurde (Entstehungszeit 5. Jh. v. Chr.; Nationalmuseum Athen). Die Statue wurde als Darstellung des Gottes Poseidon, in neuester Zeit eher als Darstellung des Gottes Zeus gedeutet.

S. 33: Marmorkopie eines goldenen Rundschilds (clipeus), gewidmet dem Kaiser Augustus durch den Senat 27 v. Chr., aufbewahrt im Musée Lapidaire von Arles (Südfrankreich)

S. 35: Junges Mädchen beim Umfüllen von Parfüm; röm. Wandmalerei (1. Jh. n. Chr.)

S. 36: Venus. Spielkarte gezeichnet von dem Schüler Christopher Wille

S. 37: Junge Frau mit Schreibtafel und Griffel. Wandgemälde aus Pompeji (1. Jh. n. Chr.)

S. 39: Graffito aus Pompeji: LABYRINTHVS HIC HABITAT MINOTAVRVS

S. 40: Der Sturz des Ikarus. Wandgemälde aus Pompeji

S. 41: Die Arbeit des Sisyphos. Griechische Vasenmalerei aus Unteritalien (Fundort Canusium, heute Canosa di Puglia/Apulien), 330 v. Chr. (Antikensammlung München)

S. 43: Antike Proträtbüste Hannibals

S. 46: Römischer Denar, der Caesars Sieg über die Gallier darstellt

S. 49: Mars und Venus mit spielendem Amor. Pompejanisches Wandgemälde

S. 51: Statue der »Justitia«

S. 53: Römisches Festessen. Wandmalerei aus Pompeji

S. 54: Luxuriöser römischer Glasbecher (um 300 n. Chr.) Becher, Zierschrift und Ziergirlanden sind aus einem Stück! Das Schleifen eines solchen Gefäßes erforderte etwa 1 Jahr Arbeit!

S. 55: Münze des Kaisers Caligula (40/41 n. Chr. geprägt, Vorderseite): Porträt des Kaisers

S. 56: Die Trajanssäule in Rom (2. Jh. n. Chr.)

S. 57: Münze des Kaisers Caligula (40/41 n. Chr. geprägt, Rückseite): Ansprache (adlocutio) des Kaisers vor Soldaten

S. 58 (o.): Das römische Amphitheater in Nimes: Luftaufnahme während eines Stierkampfes (u.): Artemis. Spielkarte gezeichnet von dem Schüler Christopher Wille

S. 59: Apollo. Röm. Bronzestatuette (Antikensammlung Berlin)

S. 60: Aus den archäologischen Funden abgeleiteter Übersichtsplan über die Auswirkungen des Vesuvausbruchs 79 n. Chr.

S. 61: Blick in einen Raum der Frauenthermen von Herkulaneum

S. 62: Trojanischer Krieg: Kampf zwischen dem Griechen Menelaos und dem Trojaner Hektor. Griechisches Vasenbild

S. 63: Das trojanische Pferd. Zeichnung aus dem »Illustrierten Wörterbuch der römischen Altertümer« von Anthony Rich, erschienen 1862.

S. 64: Mit Metallspitzen verzierte Herrscherkrone. Zeichnung aus dem »Illustrierten Wörterbuch der römischen Altertümer« von Anthony Rich, erschienen 1862.

S. 66: Die Saalburg im Taunus (bei Bad Homburg); Rekonstruktion des römischen Kastells aus dem 2. Jh. n. Chr., Blick auf eines der Tore

S. 67: Germanischer Krieger; Kleidung rekonstruiert nach Moorfunden (Archäologisches Landesmuseum Schleswig)

S. 69: Das Leben auf einem germanischen Bauern-
hof. Rekonstruktionszeichnung nach Aus-
grabungen in Warendorf/Westfalen.

S. 76: Domus Augustana, das palastartige Haus des
Augustus in Rom

S. 89: Eine Inschrift des Kaisers Augustus; sie befin-
det sich am Sockel des Obelisken, den dieser
Kaiser auf dem Marsfeld als Zeiger einer riesigen
Sonnenuhr aufstellen ließ:
IMP CAESAR DIVI F
AVGVSTVS
PONTIFEX MAXIMVS
IMP XII COS XI TRIB POT XIV
»Der Imperator Caesar, des vergöttlichten
(Caesar) Sohn Augustus
Oberster Priester
Imperator 12, Consul 11mal,
mit tribunizischer Gewalt zum 14. Mal«

S. 91: Bronzestatue eines Beamten (vom Trasimeni-
schen See); nach 89 v. Chr. (Archäologisches
Museum Florenz)

Erklärung übergeordneter Fachbegriffe aus der Satzlehre

Adverbialsatz

Adverbialsätze sind adverbiale Nebensätze. Sie nehmen die Position des Satzgliedes »Adverbiale« ein, d.h. sie stehen für eine adverbiale Bestimmung. Einleitende Subjunktionen, die sie an den jeweils übergeordneten Satz anbinden, weisen jeweils auf die Sinnrichtung dieser Nebensätze hin (s. auch die Übersicht über die wichtigsten Sinnrichtungen adverbialer Nebensätze S. 70–71).

Attributsatz

Attributsätze sind Relativsätze. Sie stehen an Stelle von Attributen, die ein Substantiv oder Pronomen näher bestimmen. Manchmal kann auch ein indirekter Fragesatz als Attributsatz aufgefasst werden, denn nicht immer ist er eindeutig von einem Relativsatz zu unterscheiden (s. auch S. 67).

Beiordnung

Gleichwertige Sätze werden durch beiordnende (koordinierende) Konnektoren miteinander verbunden. Diese Beiordnung geschieht durch
- kopulative, d.h. verknüpfende Konjunktionen (et, -que, atque, ac, etiam, quoque, neque),
- korrespondierende, d.h. einander entsprechende Konjunktionen (et – et, neque – neque, cum – tum, aut – aut, vel – vel, non solum – sed etiam, sive – sive)
- disjunktive, d.h. ausschließende Konjunktionen (aut, vel, -ve, sive)
- adversative, d.h. entgegensetzende Konjunktionen (sed, at, autem, tamen, vero, neque vero)
- konklusive, d.h. folgernde Konjunktionen (itaque, igitur, ergo, proinde)
- kausale, d.h. begründende Konjunktionen (nam, enim, neque enim).

Die Beiordnung ist – wie die Ein- und Unterordnung – eine von mehreren Möglichkeiten der Wiedergabe des lateinischen Participium Coniunctum und des Ablativus absolutus im Deutschen (s. auch S. 37–38 und 40).

Bezugswort

Adjektivische Attribute, Prädikativa und Prädikatsnomina sowie Partizipien und Gerundiva haben jeweils ein Bezugswort, mit dem sie in Kasus, Numerus und Genus übereinstimmen (KNG-Kongruenz; s. auch S. 7–10, 35–36, 39, 44). Appositionen sowie substantivische Prädikativa und Prädikatsnomina stimmen im Kasus, aber nicht immer im Genus und Numerus mit ihrem Bezugswort überein. Relativpronomina haben ein Bezugswort, mit dem sie im Numerus und Genus übereinstimmen, aber nicht unbedingt im Kasus; dieser ist durch die Funktion des Relativpronomens im Relativsatz festgelegt (s. S. 67).

Consecutio temporum

Die consecutio temporum bezeichnet die Zeitenfolge in konjunktivischen lateinischen Nebensätzen. Das Tempus dieser Nebensätze richtet sich nach dem Tempus des übergeordneten Satzes und gibt Auskunft über das Zeitverhältnis von über- und untergeordnetem Satz zueinander (s. S. 52).

Einfacher Satz

Der einfache Satz ist ein unabhängiger Hauptsatz. Er besteht mindestens aus der Einheit Subjekt-Prädikat, kann aber durch zusätzliche Angaben erweitert sein (s. S. 7ff.).

Einordnung

Die Einordnung ist – wie auch die Bei- und Unterordnung – eine von mehreren Möglichkeiten der deutschen Wiedergabe des Participium Coniunctum und des Ablativus absolutus. Sie erfolgt durch wörtliche Übersetzung – nur beim PC möglich – oder durch Verwendung eines präpositionalen Ausdrucks (s. S. 37–38 und 40).

Genus verbi

Das Genus verbi bezeichnet die Handlungsart des Verbs. Es zeigt an, ob eine Person/Sache an einer Handlung aktiv oder passiv beteiligt ist.
Eine besondere Handlungsart zeigt das Deponens mit seinen passivischen Formen in aktivischer Bedeutung (s. S. 19).

Gliedsatz
s. Nebensatz

Hauptsatz

Hauptsätze sind unabhängige Sätze. Je nach der Aussageabsicht der mitteilenden Person erscheint als Modus der Indikativ, Konjunktiv oder Imperativ. Ihrem Inhalt nach sind Hauptsätze Behauptungs-, Wunsch- oder Fragesätze. Sie können durch Nebensätze zu einem Satzgefüge (s. S. 49–50) bzw. zu einer Periode (s. S. 87) erweitert sein.

Innerliche Abhängigkeit

Will jemand die subjektive Meinung eines anderen (meist des Subjekts im übergeordneten Satz) wiedergeben, so geschieht dies im Konjunktiv. Bei konjunktivischen Nebensätzen dieser Art spricht man von innerlicher Abhängigkeit. Personal- und Possessivpronomina, die sich auf das Subjekt des übergeordneten Satzes beziehen, erscheinen im Lateinischen in solchen Sätzen als Reflexivpronomina (s. S. 59, Anm. 2 und 60, Anm. 1).

Intransitive Verben

Intransitive Verben können kein Akkusativobjekt bei sich haben und bilden im Lateinischen wie im Deutschen ein unpersönliches Passiv (s. S. 18). Auch in der Gerundivkonstruktion unterscheiden sie sich von den transitiven Verben (s. S. 45–46).

Kongruenz

Kongruenz ist die Übereinstimmung eines adjektivischen Attributs, Prädikativums und Prädikatsnomens sowie eines Partizips und Gerundivums mit seinem Bezugswort in Kasus, Numerus und Genus (KNG-Kongruenz). Für das Relativpronomen gilt nur die Genus-Numerus-Kongruenz, für die Apposition sowie für das substantivische Prädikativum und Prädikatsnomen ist nur die Übereinstimmung im Kasus immer gegeben (s. Stichwort »Bezugswort«).

Konjunktionalsatz

s. Subjunktionalsatz

Nebensatz

Nebensätze haben – wie Hauptsätze – ebenfalls ein Subjekt und ein Prädikat, stehen aber nie allein. Sie sind dem Hauptsatz untergeordnet und somit von ihm abhängig, können aber auch einem anderen Nebensatz untergeordnet sein.
Nebensätze ergänzen den übergeordneten Satz als Subjekt- und Objektsätze oder erweitern ihn als Attribut- und Adverbialsätze. Nebensätze werden durch Subjunktionen, Relativ- und Fragepronomina sowie Relativ- und Frageadverbien eingeleitet (s. S. 50–51).
Für Nebensätze, die ein Satzglied vertreten, ist auch die Bezeichnung »Gliedsatz« gebräuchlich.

Nebensinn

Relativsätze im Konjunktiv drücken im Lateinischen meist eine zusätzliche Aussageabsicht aus, die ein Relativsatz im Indikativ nicht enthält. Meist handelt es sich um einen finalen, kausalen oder konsekutiven Nebensinn; manchmal ist auch ein konzessiver oder adversativer Nebensinn festzustellen. Diese Nebensätze nehmen dann die Stelle eines Adverbialsatzes ein (s. S. 67–68 und 71).

Auch temporale Nebensätze können einen finalen Nebensinn ausdrücken (s. S. 56 dum, S. 58 priusquam).

Objektsatz

Abhängige Aussage-, Wunsch-, Frage- und indikativische Relativsätze können entweder Subjekt- oder Objektsätze sein. Handelt es sich beim Prädikat des übergeordneten Satzes um ein intransitives Verb oder um die passivische Form eines transitiven Verbs, so liegt ein Subjektsatz vor. Handelt es sich um die aktivische Form eines transitiven Verbs, so liegt ein Objektsatz vor (s. S. 50, 53, 65, 67, 72).

Partizipialkonstruktion

Partizipialkonstruktionen sind die Verbindung eines Partizips und eines Bezugswortes, die miteinander in KNG-Kongruenz stehen. Sie sind ein charakteristisches Merkmal der lateinischen (und der altgriechischen) Sprache.
Zu den Partizipialkonstruktionen gehören das attributive und das prädikative Participium Coniunctum, der Ablativus absolutus und der Accusativus cum Participio (AcP; s. S. 35–40).

Periode

Die lateinische Periode ist ein Satzkomplex größeren Umfangs. Um einen Hauptsatz gruppieren sich – teils voran-, teils nachgestellt – mehrere von ihm abhängige Nebensätze (s. S. 87).

Präpositionaler Ausdruck

Als präpositionalen Ausdruck/Präpositionalausdruck bezeichnet man die Verbindung einer Präposition mit einem Nomen. Bei der Wiedergabe lateinischer Aussagen im Deutschen dienen Präpositionalausdrücke vor allem dazu, den Ablativ wiederzugeben (s. S. 26).
Außerdem sind präpositionale Ausdrücke eine Möglichkeit, lateinische Partizipialkonstruktionen im Deutschen wiederzugeben (s. S. 37–38 und 40).

Satzgefüge

Haupt- und Nebensatz bilden zusammen ein Satzgefüge (s. S. 49). Bei verschiedenem Subjekt im Haupt- und Nebensatz steht im Lateinischen in der Regel der Nebensatz vor dem Hauptsatz.

Satzreihe

Durch Konnektoren (Konjunktionen oder Adverbien) verbundene oder ohne Satzverknüpfung (asyndetisch) nebeneinandergestellte Hauptsätze bilden eine Satzreihe (s. S. 49).

Satzwertige Konstruktion

Als satzwertige Konstruktion, die in einen übergeordneten Satz eingebettet ist, gilt alles, was einen vollständigen Satz vertritt, also sozusagen ein Satz im Satz ist: AcI, AcP, PC, Ablativus absolutus und Wortfolgen mit -nd-Formen. Mit dem Infinitiv gebildete Wortfolgen stellen als satzwertige Konstruktion oft das Subjekt oder Objekt eines Satzes dar (s. S. 8).

Signalwort

Signalwörter erwecken bereits am Anfang eines Satzes eine Erwartungshaltung in eine bestimmte Richtung. So wird z. B. das Wort cras zu Beginn eines Satzes beim Hörer bzw. Leser die Erwartung wecken, dass eine die Zukunft betreffende Aussage folgt.
Als Signalwörter können aber auch all die Wörter gelten, die auf einen logischen Zusammenhang schließen lassen (Fragepronomina, Konjunktionen, Subjunktionen, Frageadverbien).

Sinnrichtung

Bei der Wiedergabe einer lateinischen Partizipialkonstruktion (PC oder Abl. abs.) im Deutschen muss die Sinnrichtung (temporal, kausal, konzessiv, modal, konditional, adversativ) aus dem Zusammenhang erschlossen werden (s. S. 37 und 40).
Bei subjunktionalen Nebensätzen weisen die einleitenden Subjunktionen auf die Sinnrichtung hin (s. S. 70–71).

Subjektsatz

s. Objektsatz

Subjunktionalsatz

Durch unterordnende Konjunktionen, d.h. Subjunktionen eingeleitete Sätze heißen Subjunktionalsätze. Es handelt sich um subjunktionale Nebensätze, die vor allem die Position eines Adverbiales einnehmen. Die einleitenden Subjunktionen weisen auf die Sinnrichtung der Nebensätze hin (s. S. 70–71). Oft werden solche Sätze auch als »Konjunktionalsätze« bezeichnet.

Transitive Verben

Transitive Verben können ein Akkusativobjekt bei sich haben und bilden im Lateinischen wie im Deutschen ein persönliches Passiv (s. S. 18). Auch in der Gerundivkonstruktion unterscheiden sie sich von den intransitiven Verben (s. S. 45–46).

Unterordnung

Die Unterordnung ist – wie die Bei- und Einordnung – eine von mehreren Möglichkeiten bei der Wiedergabe eines PC oder Abl. abs. (s. S. 37–38 und 40).

Wortfolge

s. Satzwertige Konstruktion

Zeitstufe

Die Zeitstufe gibt an, ob sich ein Vorgang in der Vergangenheit, Gegenwart oder Zukunft abspielt (s. S. 51).

Zeitverhältnis

Das Zeitverhältnis zeigt an, ob sich eine untergeordnete Handlung vorzeitig, gleichzeitig oder nachzeitig zur Haupthandlung abspielt (s. S. 51).

Zusammengesetzter Satz

Die Bezeichnung »zusammengesetzter Satz« ist der Oberbegriff für Satzreihe und Satzgefüge.

Register

A

Abhängige Rede s. oratio obliqua
Ablativ 19, 26–28, 94, Umschlag-
　klappen vorne, 1.–3. Seite
– causae/des Grundes 26, 28, 94
– comparationis/des Vergleichs
　26, 27, 94
– instrumentalis/instrumenti/
　des Mittels 26, 27, 94
– limitationis/der Beziehung 26,
　28, 94
– loci/des Ortes 26, 27, 94
– mensurae/des Unterschieds
　bei Maßangaben 26, 28, 94
– modi/der Art und Weise 26,
　28, 94
– als Objekt 26
– originis/der Herkunft 26, 27
– Plural 26
– mit Prädikativum s. Abl. abs.
– pretii/der Preisangabe 26, 28
– qualitatis/der Eigenschaft 26,
　28, 94
– separativus/der Trennung 26,
　27, 94
– sociativus/der Gemeinschaft
　26, 28
– temporis/der Zeit 26, 27, 94
– Ablativus absolutus/Abl.
　abs. 35, 38–40, 94
　Sonderformen:
– nominaler Abl. abs. 40
– verkürzter Abl. abs. s. nomi-
　naler Abl. abs.
　Übersetzungsmöglichkeiten:
– Beiordnung (Fortführung des
　Haupt- bzw. Nebensatzes) 38
– Einordnung (präpositionaler
　Ausdruck) 38
– Unterordnung (adverbialer
　Subjunktionalsatz) 38
Ablauf eines Vorgangs 54
Absicht des Schreibers/
　Sprechers 49
Absichtssätze 57, 63
AcI/Accusativus cum
　Infinitivo 29–32, 69, 94
AcP/Accusativus cum
　Participio 36, Anm. 1

Adjektiv (Pl.: Adjektive) 10, 94
– der a-/o-Deklination 44, Um-
　schlagklappen vorne, 1. Seite
– der 3. Deklination 76, Um-
　schlagklappen vorne, 1. Seite
– Abl. Sg. auf -e 76
– Nom./Akk. Pl. n. auf -a 76
– Gen. Pl. auf -um 76
– Steigerung 77, Umschlag-
　klappen vorne, 2. Seite
– durch Umschreibung 77
– unregelmäßig 77
– unvollständig 77
Adhortativ 15
Adverbiale (Pl.: Adverbialien)
　10, 26, 29, 53, 94
Adverb (Pl.: Adverbien) 10, 77,
　94, Umschlagklappen vorne,
　2. Seite
– Frageadverbien 50, 66
– Relativadverbien 50
Adverbialsätze 50, 67, 70, 103
Adversativsätze 55, 70
Akkusativ 19, 24–25, 94, Um-
　schlagklappen vorne, 1.–3. Seite
– der Ausdehnung in Raum und
　Zeit 25, 94
– des Ausrufs 25
– doppelter 25
– mit Infinitiv s. AcI
– mit Partizip s. AcP
– als Objekt 24, 25, 29
– der Richtung 25, 94
– als Subjekt des AcI 30
Aktiv 18, 29, Umschlagklappen
　hinten, 1.–2. Seite
Alliteration 91
Alphabet 89
Amtssprache 90
an 50
Anapher (Pl.: Anaphern) 91
anceps 92
annōn 50, 66
Anrede 20
Antithese (Pl.: Antithesen) 91
Apposition 8, 9, 94
Art und Weise 10, 71
Asyndeton (Pl.: Asyndeta) 91
atque/ac (»wie«, »als«) 65, 70
Attribut (Pl.: Attribute) 8, 9, 87, 94
– adjektivisch 9
– Genitivattribut,
　substantivisch 9
Attributsätze 50, 67, 103

Aufeinanderfolge von
　Vorgängen 53, 56, 63
Aufforderung
– an die 3. Person Singular 15
– an die eigene Gruppe 15
– verneint 17
Aufforderungssätze s. Wunsch-
　sätze
Ausdruck
– bildlich s. Metapher
– präpositional 37, s. auch
　Abl. abs.
Ausdrücke
– des Fürchtens 64
– des Geschehens 64
– der Gleichheit/Ähnlichkeit 65
– der Verschiedenheit 65
Auslassung s. Ellipse
Aussage, vergleichbare 64
Aussagesätze 61, 64, 72, 73
– abhängige 72
– irreale 16, 17
– potentiale 15, 16, 17
Aussprache 90

B

Beendigung eines Vorgangs 56
Bedingung für einen Vorgang 56
Bedingungssätze s. Konditional-
　sätze
Befehl 11
Begehrsätze s. Wunschsätze
Behauptung, abgeschwächt 15, 17
Behauptungssätze 49
Beiordnung 37, 38, 40, 103
Betonung 90
Bezugswort 9, 10, 35, 44, 67,
　68, 103
– Übernahme in d. Relativsatz 68
– Wegfall 68
– Wiederholung im Relativ-
　satz 68

C

Chiasmus 91

consecutio temporum 52, 65, 73, 103

cum
– mit Ablativ (Präposition) 55, Anm. 1
– cum ... tum 55, Anm. 1
– mit Indikativ: 53, 54, 71
– cum coincidens (»indem«, »wenn«, »dadurch, dass«) 54, 71
– cum inversivum (»als plötzlich«, »als«) 53, 71
– cum iterativum (»jedesmal, wenn«, »sooft«) 53, 71
– cum prīmum (»sobald«) 53, 71
– cum relativum (tum ... cum »damals ... als«) 53, 71
– cum temporale (»wenn«, »als«) 53, 71
– mit Konjunktiv: 54, 70, 71
– cum adversativum (»während«) 55, 70
– cum causale (»da«, »weil«) 54, 70
– cum concessivum (»obwohl«) 54, 71
– cum historicum (»als«, »nachdem«) 54, 71

cūrāre + Gerundivum 45

D

Dativ 19, 23–24, 94, Umschlagklappen vorne, 1.–3. Seite
– auctoris/der handelnden Person 23, 24, 46
– commodi/des Interesses, des Vorteils 23, 24
– doppelter 24
– finalis/des Zwecks 23, 24, 94
– incommodi/des Nachteils 23, 24
– als Objekt 23
– possessivus/des Besitzers 23, 24, 94

Daktylus (Pl.: Daktylen) 92

Dauer (einer Handlung) 12

Deklinationen 75
– 3./Misch-Deklination Umschlagklappen vorne, 1. Seite
– a-Deklination 75, Umschlagklappen vorne, 1. Seite
– e-Deklination 76, Umschlagklappen vorne, 2. Seite
– i-Stämme der 3. Deklination 76, Umschlagklappen vorne, 1. Seite
– o-Deklination 75, Umschlagklappen vorne, 1. Seite
– u-Deklination 76, Umschlagklappen vorne, 2. Seite

deklinieren (beugen) 19

Deliberativ
– der Gegenwart 15
– der Vergangenheit 16

Deponens (Pl.: Deponentien) 19, Umschlagklappen hinten, 3. Seite

diēs 76

direkte Rede 73

Distichon (Pl.: Distichen) 92

domus 76

Dubitativ
– der Gegenwart 15
– der Vergangenheit 16

dum
– mit Indikativ 55, 71
– mit Indikativ Präsens- (»während«) 55, 71
– »solange« 55, 71
– »so lange bis« 56, 71
– mit Konjunktiv 71
– »(so lange) bis« 56, 71
– »wenn nur«, »sofern nur« 56

E

Einordnung 37, 38, 40, 103

Elision 92

Ellipse (Pl.: Ellipsen) 91

Ergebnis einer Handlung 14

Ereignis 72
– abgeschlossen/vollendet 13
– eintretend 13
– erwünscht 14
– gefordert 14
– möglich 14
– nicht wirklich 14
– rückblickend festgestellt 13
– unerwartet eintretend 53
– vorstellbar 14

Ersatz eines Begriffes s. Metonymie

Erzähltempus 13

esse 84

etsī/etiamsī
– mit Indikativ oder Konjunktiv »obwohl«, »wenngleich«, »auch wenn« 56, 71

F

Faustregel des Übersetzens 87

ferre 85

fierī 84

Finalsätze 57, 63, 70, 88

Form
– infinite 29
– -nd- (adjektivisch, substantivisch) s. Gerundium, Gerundivum
– passivisch mit aktivischer Bedeutung 19

Formenlehre (Besonderheiten) 75–85

Frage
– an die eigene Gruppe 16
– an sich selbst 16
– überlegend/zweifelnd 15, 16
– Doppelfrage 66, 72
– Satzfrage 66, 72
– Wahlfrage 66
– Wortfrage 66, 72
– Fragesätze 49, 72, 73
– indirekt/abhängig 65, 72

Futur 12, 29, Umschlagklappen hinten, 1.–3. Seite

Futur I 12, 84, Umschlagklappen hinten, 1. u. 3. Seite

Futur II 12, Umschlagklappen hinten, 2. u. 3. Seite

G

Gegensatz 55, 58, 59, 70

Gegenüberstellung s. Antithese

Gegenwart 15, 16, 17, 51, 52
– des Sprechenden 11

Genitiv 19, 21–23, 94, Umschlagklappen vorne, 1.–3. Seite
– criminis/der Strafe und des Verbrechens 21, 22
– explicativus/der Erläuterung 21, 22
– obiectivus 21, 22
– als Objekt 21, 22
– partitivus/des Teilverhältnisses 21, 22
– possessivus/des Besitzers 21, 94
– pretii/der Wertschätzung 21, 22, 94
– qualitatis/der Beschaffenheit 21
– subiectivus 21, 22

Genus (Pl.: Genera) 7, 10, 19, 44
– verbi 18, 103
gerund 44
Gerundium 43, 44, 84, 94
– mit Adverbiale 44
– ohne Ergänzung 44
– mit Objekt 44
– Übersetzungs-/Verwendungs-
  möglichkeiten 44, 45
Gerundivum 43, 44, 94, Umschlagklappen hinten, 3. Seite
Übersetzungs-/
Verwendungsmöglichkeiten:
– attributiv 44
– bezeichnet ein »Müssen«,
  verneint ein »Nicht-Dürfen« 46
– prädikativ 45
– als Prädikatsnomen 45, 46
Geschehen, nichtwirklich 16, 17
Geschlecht
– grammatisch 75
– natürlich 75
gleichzeitig/Gleichzeitigkeit
  51, 52
Gliedsatz 103, 104
Grundform (des Verbs) 29
Grund 54, 59, 60, 70
Grundzahl 78

H
Handlung 11
– des Hauptsatzes 71
– Richtung 24
– rückblickend/konstatierend 13
– vollendet 13
– unvollendet 12
Handlungsart des Verbs 18
Hauptsatz s. Satz
Hexameter, daktylischer 92
Hiatvermeidung 92
Hilfsverb 7
Hintergrund einer Handlung 13
Hortativ 15
Hyperbaton (Pl.: Hyperbata) 91

I
Imperativ (Pl.: Imperative) 10, 11,
  49, 84, Umschlagklappen hinten, 1. u. 3. Seite
– verneint 11
Imperfekt 12, 13, 16, Umschlagklappen hinten, 1. u. 3. Seite
Indikativ 10, 11, 49, 64,
  Umschlagklappen hinten,
  1.–3. Seite
– Präsens 11, 84, Umschlagklappen hinten, 1. u. 2. Seite
– Imperfekt 84, Umschlag-
  klappen hinten, 1. u. 3. Seite
Indirekte Rede 73, s. auch oratio
  obliqua
Infinitiv (Pl.: Infinitive) 29, 94,
  Umschlagklappen hinten,
  1.–3. Seite
– Futur/der Nachzeitigkeit 31
– als Objekt 29
– historischer 12, Anm. 2
– Perfekt/der Vorzeitigkeit 31,
  Umschlagklappen hinten,
  2. u. 3. Seite
– als Prädikat des AcI 30
– Präsens/der Gleichzeitigkeit 31,
  Umschlagklappen hinten, 1. und
  3. Seite
– Präsens Aktiv, dekliniert 43
– als Subjekt 29
– substantiviert 44
Infinitivkonstruktionen 29
innerliche Abhängigkeit 59,
  Anm. 2, 60, Anm. 1, 104
īre 84
Irrealis 16, 17, s. Konditionalsatz
Iussiv S.15

K
Kalender 93
Kasus (Pl.: Kasūs) 7, 10, 19
Kasusform 10
Kasusfunktionen 19
Kausalsätze 54, 59, 60, 70
Klimax 91
KNG-Kongruenz 7, 10, 35, 39, 44,
  104, s. auch Kongruenz
Komparation
– regelmäßig Umschlagklappen
  vorne, 2. Seite
– unregelmäßig 77
Komparativ 65, 77
Komparativsätze 59, 62, 64, 65, 70

Konditionalsätze/Bedingungs-
  sätze 56, 61, 70
– Irrealis (nichtwirklicher Fall)
  61, 62
  – der Gegenwart (Konjunktiv
    Imperfekt) 62
  – der Vergangenheit (Konjunk-
    tiv Plusquamperfekt) 62
– Potentialis (möglicher Fall)
  61, 62
  – der Gegenwart (Konjunktiv
    Präsens oder Perfekt) 62
– Realis (wirklicher Fall) 61
Kongruenz 104, s. auch KNG-
  Kongruenz
Konjugationen 79, Umschlagklappen hinten, 1.–3. Seite
– a-Konjugation Umschlag-
  klappen hinten, 1.–3. Seite
– e-Konjugation Umschlag-
  klappen hinten, 1.–3. Seite
– konsonant. Konjugation
  Umschlagklappen hinten,
  1.–3. Seite
– ĭ-Konjugation Umschlagklappen
  hinten, 1.–3. Seite
– ī-Konjugation Umschlagklappen
  hinten, 1.–3. Seite
Konjunktiv 10, 14, 49, 65, 67, 73,
  Umschlagklappen hinten,
  1.–3. Seite
– Präsens 84, Umschlagklappen
  hinten, 1.–2. Seite
– Imperfekt 84, Umschlag-
  klappen hinten, 1. u. 3. Seite
– Perfekt Umschlagklappen
  hinten, 2. u. 3. Seite
– Plusquamperfekt Umschlagklappen hinten, 2. u. 3. Seite
Konnektor (Pl.: Konnektoren) 87
Konsekutivsätze 63, 70
Konsonantenstämme 76
Konstruktion
– -nd- (adjektivisch, substan-
  tivisch) s. Gerundium,
  Gerundivum
– satzwertige 30, 39, 105
Konzessivsätze 54, 56, 58, 59,
  61, 70
Kopula 7
Kreuzstellung s. Chiasmus
Kürze/kurzer Laut 92
Kurzformen 85
– 2. Pers. Sg. Passiv 85
– 3. Pers. Pl. Ind. Perf. Aktiv 85
– v-Perfektbildung 85

L

Länge/langer Laut 92
Längsstrich (über Buchstaben) 90
Lateinische Schrift 89
Lateinische Sprache s.lingua Latina
Lautlehre 89–90
Lebensalter 10
Lexikon 19, 75
lingua Latīna 89
Litotes 91

M

mālle 84
manus 76
Metapher (Pl.: Metaphern) 91
Metonymie (Pl.: Metonymien) 91
Metrik 92
Modalsätze 54, 71
Modus (Pl.: Modi) 10
Möglichkeit 15, 16, 17

N

nachzeitig 31, 35, Anm. 1, 51, 52
NcI/Nominativus cum Infinitivo 32, 94
-ne (angehängte Frage-partikel) 50, 66
-ne ... an 50
nē 15, 16, 17, 63
– mit Konjunktiv:
  – final (»damit nicht«) 57, 70
  – »dass nicht« 57
  – »dass« 57
Nebenformen 85
Nebensätze s. Satz
Nebensinn 67, 68, 71, 104
– final 56, 58, 67, 71
– kausal 67, 71
– konsekutiv 67, 71
necne 66
Nennform (des Verbs) 29
nisī (»wenn/falls nicht«) 61, 70
nōlī/nōlīte + Infinitiv 11
nōlle 84
Nomen (Pl.: Nomina) 8, 19, 39, 94
Nominalformen 29
Nominativ 19–20, 94, Umschlag-klappen vorne, 1.–3. Seite
– doppelter 20
– mit Infinitiv s. NcI
nōn 15, 16, 17
nōnne 50, 66
num 50, 66

Numerale (Pl.: Numeralia) 78, 94
Numerus (Pl.: Numeri) 7, 10, 19

O

Objekt (Pl.: Objekte) 8, 29, 87, 94
Objektsätze 50, 53, 59, 65, 72, 104
Optativ
– der Gegenwart 15
– der Vergangenheit 17
oratio obliqua 73
oratio recta 73
Ordnungszahl 78
Oxymoron 91

P

Parallelismus (Pl.: Parallelismen) 91
Particium Coniunctum/PC (Pl.: Participia Coniuncta) 35–38, 88
– attributiv 36–38
– prädikativ 36–38
Übersetzungsmöglichkeiten:
– beigeordnet 37, 38
– eingeordnet 37, 38
– untergeordnet 37, 38
Partizip (Pl.: Partizipien) 35, 39, 94
– im Ablativ 39
– der Gleichzeitigkeit/PPA 35, Umschlagklappen hinten, 1. Seite
– der Nachzeitigkeit/PFA 35, Anm. 1, 85, Umschlagklappen hinten, 2. Seite
– verbunden s. Participium Coniunctum
– der Vorzeitigkeit/PPP 35, Umschlagklappen hinten, 3. Seite
Partizipialkonstruktionen 35, 104
– im Ablativ s. Abl. abs.
Passiv 18, 29, 32, Umschlagklappen hinten, 2.–3. Seite
Pentameter, daktylischer 92
Perfekt 13, 14, 17, 29, Umschlagklappen hinten, 1.–3. Seite
– historisch 13
– Konjunktiv, 2. Pers. Sg./Pl. 11
– konstatierend 13
– Kurzformen
  – 3. Pers. Pl. Ind. Aktiv 85
  – v-Perfektbildung 85
– Zustandsperfekt 14
Perfektstamm 79–83, Umschlagklappen hinten, 1.–3. Seite
Periode s. Satzperiode
Personalendung 8

Personalpronomen 32
– nichtreflexiv 32
– reflexiv, bei der dritten Person 32
plurale tantum (Pl: pluralia tantum) 75
Pluralwörter s. pluralia tantum
Plusquamperfekt 14, Umschlagklappen hinten, 2.–3. Seite
poēta 75
Positiv 77
posse 84
postquam mit Indikativ Perfekt (»nachdem«) 57, 71
Potentialis (möglicher Fall) 15–16; s. auch Konditionalsatz
praebēre + Gerundivum 45
Prädikat 7, 39, 94
Prädikativum 9, 10, 94
Prädikatsinfinitiv 30
Prädikatsnomen 7, 94
Präposition 25, 28
Präpositionalausdruck 26, 40, 94, 104
Präsens 11, 15, 29, Umschlagklappen hinten, 1.–2. Seite
– historisches 12
Präsensstamm Umschlagklappen hinten, 1.–3. Seite
priusquam
– mit Indikativ (»bevor«) 58, 71
– mit Konjunktiv (»bevor«, »ehe«) 58, 71
Prohibitiv 17
Pronomen (Pl.: Pronomina) 31, 94
– Demonstrativpronomina Umschlagklappen vorne, 2.–3. Seite
– Interrogativpronomina 50, 66, Umschlagklappen vorne, 3. Seite
– Personalpronomina Umschlagklappen vorne, 3. Seite
– Relativpronomina 50, 67, 68, 69, 71, Umschlagklappen vorne, 3. Seite
– Possessivpronomina 32
Pronominaladjektive 77

Q

quam (»als«) 65, 70
quamquam
– mit Indikativ (»obwohl«) 58, 71
quamvīs
– mit Konjunktiv (»wie sehr
  auch«, »obwohl«) 59, 71
quasi/tamquam (sī)/velut sī
– mit Konjunktiv
   – »wie wenn«, »als ob« 59, 70
   – »als ob«, »wie wenn« 65
quia/quoniam
– mit Indikativ (»weil«,»da ja«)
  59, 70
quīn
– mit Konjunktiv (Infinitiv mit
  »zu«) 59
– mit Konjunktiv (»dass«) 59, 72
– mit negativem Sinn (»dass
  nicht«) 60
quis, quid? 66
quod
– mit Indikativ 60, 70
– faktisch (»dass«) 60, 72
– faktisch, vorangestellt
  (»was das betrifft, dass«,
  »wenn auch«) 61
– kausal (»weil«) 60, 70
– mit Indikativ oder Konjunktiv
  (»dass«) 61
quōminus 72

R

Realis/wirklicher Fall
  s. Konditionalsatz
Relativische Satzverschränkung
  69
Relativischer Satzanschluss 69
Relativsätze 67–69, 71, 72, 94
– Besonderheiten 68
– im Indikativ 67, 72
– im Konjunktiv 67–68, 71, 94
– konsekutiv, eingeleitet durch
  quin (»dass nicht«) 60
rēs 76
Rhetorik 91

S

Sachverhalt
– komplex 35
– Zugestehen eines Sachverhaltes
  54, 56, 58, 59
Satz
– einfacher 7, 8, 103
– Hauptsatz 49, 51, 61, 69, 73, 87,
  88, 104
– Mitteilungsfunktion 49
– Nebensätze 49, 51, 61, 70, 73,
  87, 104
   – Abhängigkeit vom
   Hauptsatz 50
   – indikativisch 51
   – konjunktivisch 52
   – subjunktional 53
– übergeordnet 68
– zusammengesetzt 49, 105
Satzgefüge 49, 104
Satzlehre 7–74
Satzperiode (Pl.: Satzperioden)
  87, 104
Satzreihe 49, 105
Satzstruktur 87
sī (»wenn/falls«) 61, 70
Signalwort 105
sī nōn (»wenn nicht«) 61
Sinnrichtung, -richtungen 40, 53,
  70, 72, 105
Sinnzusammenhang 37
spēs 76
Steigerung s. Komparation
Stil 91
Stilmittel 91
Subjekt (Pl.: Subjekte) 7, 19, 29,
  39, 63, 87
Subjektsakkusativ 30, 69
Subjunktionalsatz, adverbial
  53–64, 70–71, 105
Subjunktion (Pl.: Subjunktionen)
  50, 53
Subjektsätze 50, 53, 59, 65, 67, 72
Substantiv (Pl.: Substantive) 10,
  75, 76, 94, Umschlagklappen
  vorne, 1.–2. Seite
Superlativ 77
Supinum (Pl.: Supina) 46
– Supinum I (Endung -um) 46
– Supinum II (Endung -ū) 46
– Anlehnung an ein Adjektiv 46

T

Tatsache 62, 72
trādere + Gerundivum 45
Tempus (Pl.: Tempora) 10, 65, 73
Temporalsätze 54, 55, 56, 57, 58,
  63, 71

U

Übersetzungstechnik 86–88
Unpersönlicher Ausdruck des Vor-
  handen-Seins/Geschehens 61
Unterordnung 105
Ursachen 70
Urteil (durch wertendes Adverb)
  60
ut
– mit Indikativ 62–63, 70, 71
   – ut prīmum (»sobald«) 63
   – Vergleich (»wie«) 62
– mit Konjunktiv 63, 70
   – nach Ausdrückens des
   Geschehens (»dass«;
   verneint: ut nōn »dass
   nicht«) 64
   – final (»damit«, »um zu« +
   Inf.; verneint: nē »damit
   nicht«) 63, 70
   – konsekutiv (»dass«,
   »so dass«; verneint: ut nōn
   »dass nicht«, »so dass
   nicht«) 63, 70
   – Hinweis im Hauptsatz 63
   – Wunsch (»dass«; verneint:
   nē »dass nicht) 63
   – Wunsch nach Verben
   des Fürchtens (»dass nicht«,
   bejaht nē »dass«) 64, 72
utrum ... an 50, 66

V

velle 84
Verbaladjektiv 44
Verbalsubstantiv 43, 46
Verb (Pl.: Verben)
– des Befehlens 29, 32
– des Behauptens 29
– der Bewegung 46
– des Fragens 65, 72
– des Fürchtens 57, 64, 72
– die Gefühle ausdrücken 60
– des Hinderns und Fernhaltens
  64, Anm. 1, 72
– Hilfsverb 94
– intransitiv 18, 104
– des Sagens, Urteilens und
  Meinens 32, 73
– transitiv 105
– des Tuns 60
– Vollverb 94, hintere Umschlag-
  klappen, 1.–3. Seite
– der Wahrnehmung 29
– des Wünschens 72
– des Wissens 29
– des Zwangs 32
– des Zweifelns, Zögerns und
  Hinderns (verneint) 59
Verbinformationen 87
Verbot an die 2. Person Singular/
  Plural 11, 17
Verbotssätze 73
Vergangenheit 16, 17, 51, 52
Vergleichspunkt als Vorstellung
  59
Vergleichspunkt als Tatsache 62
Vergleichssatz s. Komparativsatz
Verneinung, doppelte s. Litotes
Verse, lateinische 92
Versuch, wiederholter 12
vidērī 32
Vokabel 19
Vokal (Pl.: Vokale) 90
Vokativ 19, 20, 75
Vorstellung, unrealistisch 59
vorzeitig 51, 52

W

Wendung, präpositionale 10
Wiederholung
– am Anfang von Satzeinheiten 91
– von Vorgängen 12, 53
Wirklichkeit 11
Wortblöcke 87
Wortformen 94
Wunsch der Gegenwart 15
– real/erfüllbar 15
– erfüllbar gedacht 15
– irreal/unerfüllbar 16
– unerfüllbar gedacht 16
Wunsch der Vergangenheit
– real/erfüllbar 17
– erfüllbar gedacht 17
– irreal/unerfüllbar 17
– unerfüllbar gedacht 17
Wunschsätze 15–17, 72
Wunsch- und Aufforderungssätze
  49, 72, 73
– abhängige 72
Wunsch- und Begehrsätze
  57, 63, 64

Z

Zäsur (Pl.: Zäsuren) 92
Zahlwörter s. Numerale
Zeitbestimmung 71
Zeitpunkt 53
Zeitstufe 51, 105
– des übergeordneten Satzes 52
Zeitverhältnis/Zeitverhältnisse 31,
  37, 40, 51, 105
– des Nebensatzes 52
Zukunft 51, 52
Zusammenhang 8
– inhaltlich 87
Zustand 10, 12
Zustandsperfekt s. Perfekt
Zweck (einer Handlung) 45, 57, 63

Bildnachweis und Textquellen

akg-images/Erich Lessing 26, 36
Archäologisches Landesmuseum der Christian-
    Albrechts-Universität Schleswig 67
Andrae, Uwe, Berlin 61
Antikensammlung, Staatliche Museen zu Berlin –
    Preußischer Kulturbesitz 19, 59 (Foto: Isolde
    Luckert)
Archiv für Kunst und Geschichte, Berlin 35
Becker, Klaus, Frankfurt/Main 60
Bildarchiv Preußischer Kulturbesitz, Berlin 22, 27,
    43 u. (Standort: Nationalmuseum Neapel)
Corel Library 17
Cornelsen Archiv, Berlin 58 o.
Ensikat, Klaus, Berlin 79, 81, 82, 83, 85, 87
Gemeinnützige Stiftung Leonhard von Matt,
    Buochs 40, 49
Grafikatelier Punkt und Partner, Dresden 30
Hirmer Verlag, München 55, 57, 62
LPM Dudweiler 12
Mauritius Frankfurt/Main 51
Photographie Giraudon, Paris 20
Rheinisches Landesmuseum Trier 54
Römerkastell Saalburg, Bad Homburg 66
    (Foto: Peter Knierriem)
Scala, Antella/Florenz 37, 56, 91, Umschlagfoto
Schargan, Constanze, Berlin 7, 9, 18 m., 26, 43 o.,
    50, 65, 73, 81, 86, 89 o.
Schmidt, Werner, Berlin 15, 16, 21, 28, 29
Staatliche Münzsammlung München 18 o., 46
Wille, Christopher, Ascheberg 36, 58 u.
Zabern-Verlag, Mainz 24

Übernahmen aus:
»Asterix« © 2009 LES ÉDITIONS ALBERT RENÉ/
    GOSCINNY-UDERZO www.asterix.com 7, 8, 10, 14,
    68, 74
»Bildlexikon zur Topographie des antiken Rom«
    Ernst Wasmuth Verlag Tübingen,
    © DAI Rom 89 u.
»Das Beste aus der römischen Graffiti-
    Szene« von K.-W. Weeber, Artemis Zürich/
    Düsseldorf 1996 (S. 87) 39
»RES ROMANAE«, Ausgabe 2008. Hrsg. von
    H. Krefeld. Berlin: Cornelsen ²2009, (S. 303–304;
    gekürzt) 93
»So lebten sie zur Zeit der Völkerwanderung«
    © Tessloff-Verlag Nürnberg 1985 (S. 42) 69